KB160614

일본어 생활광고문의 이해

일본어
생활광고문의 이해

천호재

역락

매년 재학생이나 졸업생들이 일본에 취업이 되어 인사차 저를 찾아오는 학생들을 마주하면서 문득 90년대에 일본에서 유학을 한 시절을 떠올려보았습니다. 유학 초기에 일본생활에 곤란을 겪은 적이 많아 유학 오기 전에 일본생활에 관련된 지식을 미리 공부를 하고 왔더라면 하는 때늦은 후회를 한 적이 있었습니다. 다행스럽게도 요즘의 인터넷서점을 살펴보면 일본사정의 이해를 위한 다양한 도서들을 볼 수 있는데, 이들 도서들을 잘 활용하면 장차 일본생활에 많은 도움이 될 것으로 생각합니다.

하지만 곰곰이 생각해보면 시중이나 인터넷에서 판매되는 일본문화 관련 도서들이 장차 일본에서 거주하게 될 사람들이 꼭 알아두어야 할 유용한 지식을 피부에 와 닿듯 살갑게 제공해주리라는 생각은 선뜻 들지 않습니다. 왜냐하면 일본문화와 관련하여 나름 지식을 가지고 있다고 해도 현지에서 살아보지 않으면 도저히 알 수 없는 지식들이 많이 있기 때문입니다. 그 중의 하나가 지역 생활정보입니다. 오랫동안 일본의 지역 생활정보를 알 수 있는 최적화된 자료가 무엇인지를 곰곰이 생각하던 중, 우연히 생활광고문(전단지)의 존재를 떠올리게 되었습니다. 2년 전에 일본을 여행하면서 우연히 전단지를 입수하게 되었는데, 그 전단지에는 그 어디에서도 볼 수 없는 상당히 유용한 지역 생활정보가 수록되어 있다는 것을 알았습니다. 전단지 종류도 참으로 많았고, 전단지마다 그 어디에서도 입수할 수 없는 고유의 주옥같은 생활정보가 고스란히 수록되어 있었습니다. 그래서 많은 사람들이 일본에 가기 전에 전단지를 통해서 일본의 생활문화 정보를 미리 파악해두면 장차 여유를 가지고 일본생활에 쉽게 적응할 수 있을 것이라는 확신을 가지게 되었습니다.

본서의 사용법

그러면 전단지를 통해 일본 지역사회의 생활정보를 알 수 있다는 말은 구체적으로 무엇을 의미하는 것일까요? 이 부분은 독자분들의 본서 사용법에도 직결되므로 간략하게나마 언급을 해두고자 합니다. 크게 나누면 2가지입니다. 하나는 언어 정보이며 다른 하나는 언어 외적 정보입니다. 먼저 언어 정보는 전단지에 표기된 문자정보를 말합니다. 잘 아시다시피 일본의 문자로 가타카나, 히라가나, 한자, 숫자, 알파벳 등이 있는데 전단지를 보면 이들 문자들이 다이나믹하게 표기되어 있는 것을 볼 수 있습니다. 일본생활을 원활히 하기 위해서는 이들 문자들로 표기된 단어들을 충분히 쓰고 말하고 읽을 수 있어야 합니다. 히라가나와 한자로 표기된 단어만 외운다든지, 가타카나로 표기된 단어는 외우지 않아도 된다든지 하는 것은 없습니다. 전단지는 이들 문자들이 서로 어우러지면서 발신자의 메시지를 가감 없이 전달하는 매개체임을 충분히 이해해야 합니다. 따라서 독자분들은 전단지에 나오는 히라가나, 가타카나, 한자, 알파벳, 숫자 등으로 표기된 단어들을 체크하고, 읽고 그 뜻을 파악하는 연습을 해 주십시오. 또 전단지에 수록된 문자들을 보면서 일본인들의 언어 운용 양상들을 곰곰이 살펴보아 주십시오. 전단지에 나타난 헤드라인 문구의 나열 방식들을 보면서 발신자가 자신의 메시지를 어떻게 전달하는지도 꼼꼼히 살펴보아주십시오.

다른 하나는 언어 외적 정보입니다. 본서에서 제시한 전단지를 통해 일본의 지역사회(필자가 선택한 지역은 가나가와 현 사가미하라 시 하시모토 지역(神奈川県相模原市橋本))에서 일본인들이 살아가는 모습들을 관찰해주십시오. 그리고 우리가 살아가는 모습과 비교를 해봐주십시오 우리와는 전혀 다른 모습, 우리와 유사하거나 거의 동일한 모습 등도 눈여겨 보아주시면 일본인들의 삶속에서 무엇인가 독자 여러분들이 처한 문제를 해결할 수 있는 실마리를 발견할 수 있을지도 모릅니다.

본서에 제시한 전단지 입수 시기는 2018년~2019년 7월 사이이며, 전단지는 일본인 지인인 코가 마사히로(甲賀真広) 씨를 통해 입수하였습니다. 약 1년 반 정도의 기간을 두고 고요한 일상으로 날아드는 전단지를 늘 한결같은 마음으로 차곡차곡 모아주신 코가 마사히로 씨에게 이 자리를 빌려 심심한 감사의 뜻을 전합니다.

본서가 세상에 얼굴을 내밀 수 있었던 것은 도서출판 역락의 박태훈 이사님의 덕택입니다. 원고의 정리에서 편집, 제본에 이르기까지 많은 수고를 해주신 강윤경 대리님, 표지 제작에 힘써 주신 안혜진 팀장님에게도 이 자리를 빌려 감사를 드립니다.

2021년 2월
코로나19 이후의 새로운 세상을 꿈꾸며

차 례

본서의 기술 방식

1 본서는 모든 한자 위에 히라가나 표기(요미가나)를 하지 않았습니다. 필자의 주관적인 견해에 입각하여 요미가나를 표시하였습니다. 한자의 요미가나 파악에 대한 수고를 일정 부분 독자님들에게 돌리기 위해서입니다.

2 단어를 중복적으로 제시하였습니다. 즉 앞부분에 제시한 단어를 뒷부분에서도 또 제시한 경우가 있습니다. 이는 독자 여러분들의 단어 암기에 편의를 제공하기 위해서입니다.

3 번역은 직역도 있지만 의역도 많이 있습니다. 따라서 필자의 의역보다 나은 번역을 할 수 있다는 마음으로 본문의 번역을 비판적인 시각으로 살펴봐 주십시오.

4 원칙적으로 특정 단어의 의미를 제시하고, 그 특정 단어가 들어간 문장을 예시하는 방식으로 기술하였으나 특정 단어를 제시하는 일 없이 바로 문장만 제시한 경우도 많습니다.

1. 개인전용 방음룸

□ 楽^{たの}しみ方^{かた} 즐기는 법 | 快活^{かいかつ}CLUB 鍵付防音個室^{かぎつきぼうおんこしつ}の楽しみ方 쾌활 클럽 전용 열쇠가 딸린 방음 개인룸 즐기는 법

  ▷ 集中して仕事や勉強ができる 집중해서 업무나 공부를 할 수 있다.

  ▷ 友達とおしゃべりやDVD観賞^{かんしょう}が楽しめる♪ 친구와 잡담이나 DVD 시청을 즐길 수 있다.

  ▷ コミック読み放題^{ほうだい} 만화책 무제한 읽기

  ▷ インターネット使い放題 인터넷 무제한 사용

  ▷ シャワー無料 샤워무료 タオル使い放題 타올 무제한 사용

  ▷ ドリンク飲み放題 음료수 무제한 음용

  ▷ ソフトクリーム食べ放題 아이스크림 무제한 먹기

  ▷ 無料Wi-Fi 무료 와이파이

□ 基本料金^{きほんりょうきん} 기본요금 | ご利用料金 基本料金 最初の30分 264円(税込285円) 이용요금 기본요금 최초 30분 264 엔(세금포함 285 엔)

□ 店舗^{てんぽ} 점포 | 全国360店舗 快活CLUB 新登場 鍵付防音個室!! 전국 360점포 쾌활클럽이 새로이 등장! 전용 열쇠가 딸린 개인 방음실

▷ 16号相模原大野台店 2月15日(金) 昼12時 リニューアルオープン 16호 사가미하라 오노다이점 2월 15일(금) 낮2시 재개장

▷ オートロックで安心・安全 자동 잠금장치이기 때문에 안심·안전

▷ 2019年3月31日(日)まで新規入会金無料 2019년 3월 31일(일)까지 신규 가입금 무료

▷ 鍵付防音個室お試し券 1時間無料!! 전용 열쇠 개인 방음실 시험사용권 1시간 무료!!

▷ 全席ご利用料金 200円引き!! 전석 이용 요금 200 엔 할인

※ 출처: 快活CLUB16号相模原大野台店(2019)

2. 건물 내부공사 안내

□ お住いの皆様へ 입주자분들에게

□ 工事 공사 │ 下地補修工事開始のお知らせ 기초 보수공사 개시 안내

□ 協力 협력 │ 日頃より工事へのご協力ありがとうございます。 평소부터 공사에 협력해주셔서 감사드립니다.

□ 日程 일정 │ 下記の日程より下地補修工事を開始致します。 아래의 일정부터 기초 보수공사를 개시합니다.

□ 作業日程 작업 일정 : 4月5日(金)〜

 ▷ バルコニー内 발코니 안 │ 開放廊下内 개방복도 안 │ 内部階段(塗装部分)の補修工事を行います。 내부 계단(도장 부분)의 보수공사를 합니다.

 ▷ 作業の際、大きな音や振動、ほこりも発生する作業になります。 작업 시, 큰 소리와 진동, 먼지도 발생합니다.

 ▷ 窓や扉の締め切り(戸締り)をお願いします。 창문이나 문을 잠궈 주십시오.

  ※출처: 株式会社大和ハウスリフォーム(2018)

□ 洗浄 세정 │ バルコニー・開放廊下内・中階段高圧洗浄工事のお知らせ
발코니・개방 복도 내・중간 계단 고압 세정 공사실시 안내

□ 居住者 입주자 | 居住者の皆様へ 입주자분들에게

□ 工事にご協力頂きありがとうございます。 공사에 협력해주셔서 감사드립니다.

□ 高圧洗浄工事を下記の日程で行いますので、皆様方のご理解とご協力を

お願い申し上げます。 고압세정 공사를 아래의 일정으로 시행하오니 여러분들의 이

해와 협력을 부탁드립니다.

□ 洗浄工事はバルコニー内部・開放廊下内・階段内部の洗浄工事になります。

발코니 내부・개방 복도 내부, 계단 내부 세정 공사를 실시합니다.

□ 洗浄中は手摺壁・天井なども洗浄を行うため水滴などが落ちて来る事が

あります。 세정중에는 난간벽・천정 등도 세정을 하므로 물방울 등이 떨어지는 일이

있습니다.

□ 水滴 물방울 | 作業員も最善の注意を払って工事を行いますが、ご

入居者様におかれましてもお出かけの際やお帰りの時など足元が濡れて

いたり、 水滴が落ちて来る事がありますのでご理解ご協力ほどよろしく

お願い致します。 작업 인부들도 최선의 주의를 기울여 공사를 하겠습니다만 외출

시나 귀가 시 발언저리가 젖거나 물방울이 떨어지는 일이 있으므로 입주자분들의 많은

이해와 협력을 부탁드립니다.

□ 作業時間 작업시간 | 作業時間は午前8時30分から午後5時30分までとさ

せていただきます。 작업 시간은 오전 8시 30분부터 오후 5시까지입니다.

□ 洗濯物干し情報 세탁물 건조 정보 |バルコニーの洗濯物干し情報を、エン

トランスの掲示板でご確認お願い致します。 발코니의 세탁 건조 정보를 입구

게시판에서 확인 부탁드립니다.

□ 荷物 짐 | バルコニーにお荷物があり、作業に支障がある場合は、施行業者側で、足場に仮移動又はビニールで養生させていただきます。ご了承ください。발코니에 짐이 있어 작업에 지장이 생길 경우는 시행업자 측에서 발판으로 임시 이동 또는 비닐로 양생하겠습니다. 많은 양해 바랍니다.

□ 汚水 오수 | 作業中は汚水が発生しますので、バルコニーにお出にならないようお願いいたします。작업 중에는 오수가 발생하므로 발코니에 나가시는 일이 없으시도록 부탁드립니다.

□ 施錠 잠금 | 作業員がバルコニーを出入りしますので、プライバシーを守るためにカーテンを閉め、とサッシ窓の施錠は確実に実行して下さるようお願いいたします。작업원이 발코니를 출입하므로 프라이버시를 지키기 위해 커튼을 닫고 새시창을 반드시 잠궈 주시길 바랍니다.

□ 締め切る 잠그다 | サッシ窓は、確実に締め切った状態にしておいて下さるようお願い致します。새시창은 꼭 잠근 상태로 해주시길 부탁드립니다.

※출처: 大和ハウスリフォーム(株)相模原営業所(2018)

□ 開始 개시 | 洗浄工事開始のお知らせ 세정공사 개시 안내
□ 工程 공정 | 外壁補修完了に際して、次工程のお知らせを致します。외벽 보수완료에 즈음하여 차기 공정을 알려드립니다.

□ 皆様 여러분 | 洗浄工事を下記の日程で行いますので、皆様方のご理解とご協力をお願い申し上げます。세정공사를 아래의 일정으로 행하오니 여러분들의 많은 이해와 협력을 부탁드립니다.

□ 工順 공사순서 | 高圧洗浄工事工順 南面、西面、東面、北面の順番で

洗浄を行って行きます。 고압 세정공사 작업 순서 남쪽 면, 서쪽 면, 동쪽 면, 북쪽 면의 순서로 세정 작업을 합니다.

▷ 外壁タイル面、窓サッシ 고압 타일 면, 창문 새시

▷ バルコニー内タイル面(建物側)床、窓サッシ 발코니 내 타일 면(건물 쪽) 마루, 창문 새시

▷ 開放廊下内タイル面(建物側)床、窓サッシ 개방 복도 내 타일 면(건물 쪽) 마루, 창문 새시

▷ 工事に関するお問い合わせ先 공사 관련 문의처

※출처: 大和ハウスリフォーム(株)相模原営業所(2018)

3. 구인 - 경비원

□ 活躍人材大募集 활약 인재 대모집

　　▷ 50〜60代のスタッフ多数在籍・活躍中 50-60대 스탭 다수 근무·활약중

□ 勤務地 | 근무지 勤務地多数 근무지 다수

　　▷ 町田 마치다 | 相模原 사가미하라 | 横浜 요코하마 | 川崎 가와사키 | 大和

　　야마토 | 他にも都内・神奈川県内に勤務地多数! 直行直帰 OK! 週1回

　　の勤務可能♪ 그 외에도 도쿄도 내·가나가와 현 내에 근무지가 많이 있음. 바로

　　출퇴근 가능. 주 1회 근무도 가능

□ 夜勤警備スタッフ 야근 경비 스탭

　　▷ 雇用形態：アルバイト、雑踏警備他、イベント会場での交通誘導

　　고용 형태 : 아르바이트, 북새통 지역 근무, 이벤트 회장의 교통 유도

　　▷ 日勤(낮 근무)：日給(1일 급료) 1万〜1万1000円

　　▷ 夜勤(야간 근무)：日給1万〜1万2000円

□ 厚待遇 우대

　　▷ 日払いOK 당일 일당 지급 가능

　　▷ 面接交通費3000円支給 면접 교통비 3000 엔 지급

　　▷ 現場への交通費支給 현장 출근 교통비 지급

▷ 研修中にお弁当支給 연수중에 도시락 지급

▷ 年2回一時金あり 연 2회 일시금 있음

▷ 社会保険完備 사회보험 완비

▷ 正社員登用あり 정사원 등용이 있음

▷ 業界トップクラスの厚待遇が揃っています。 업계 톱클래스의 대우조건이 갖

춰져 있습니다.

□ 指導 지도 | 未経験者歓迎!研修で優しく＆丁寧に指導いたします。 미경

험자 환영! 연수에서 친절히 정성껏 지도하겠습니다.

※출처: テイシン警備株式▼会社相模支社(2019)

4. 구인 - 과자 공장

□ 大募集 대모집 | パートスタッフ大募集 파트 스탭 대모집

  ▷ セブンイレブン向けの和菓子を作る工場での安全管理! 세븐일레븐에 납품
하는 전통과자(화과자)를 만드는 공장에서 안전관리 업무를 보는 것입니다!

□ 労働 노동 | 食品工場内を巡回し、労働安全のルール確認・改善、
整理・整頓・清掃等を行うお仕事です。 식품공장 내를 순회하며 노동안전
규칙 확인・개선, 정리・정돈・청소 등을 행하는 업무입니다.

□ 職場 직장 | 食品を扱う清潔な職場で、空調もしっかり効いています。
長く働ける職場を探している方にぴったりです。 식품을 취급하는 청결한 직
장으로 에어컨도 완벽하게 갖춰져 있습니다. 장기간 근무할 수 있는 직장을 찾고 있는 분
에게 안성맞춤입니다.

  ▷ 未経験の方歓迎! 미경험자 분 환영

  ▷ 主婦(夫)、フリーターの方歓迎 주부, 프리라이터 분 환영

  ▷ 充実した福利厚生! 安心・安定した環境で働けます。 충실한 복리후생. 안
심・안정된 환경에서 근무가 가능합니다.

  ▷ 長期大歓迎! たくさんのご応募お待ちしております。 장기근무자 대환영!
많은 응모를 기다리고 있겠습니다.

□ 時給 시급 | 956円 曜日・祝日 時給50円UP

  ▷ 雇用形態 고용형태 | パート 파트 | アルバイト 아르바이트

  ▷ 資格 자격 日本語(漢字)の読める方、経験不問/年齢不問 일본어(한자)를 읽을 수 있는 분, 경험 불문/연령 불문

  ▷ 応募方法 電話受付後、現地にて面接 응모방법 전화 접수 후, 현지에서 면접

□ 働く 일하다 | 働くみんなに嬉しいメリット沢山! 일하는 여러분께서 반가워하실 장점이 많이 있습니다.

  ▷ 交通費規定内支給 교통비 규정 내 지급

  ▷ 食事補助 식사 보조

  ▷ 制服貸与 제복 대여

  ▷ 冷暖房完備 냉난방 완비

  ▷ 社会保険完備 사회보험 완비

  ▷ 有給休暇 유급 휴가

  ▷ 退職金制度 퇴직금제도 있음

  ▷ 自動車 자동차 | バイク 바이크 | 自転車通勤OK 자전거 통근 가능

  ▷ 送迎バスあり 출퇴근 통근버스 운영함

  ▷ 未経験歓迎 미경험자 환영

  ▷ 再雇用制度あり 재고용제도 있음

  ▷ 長年勤続表彰あり 장년근속 표창 있음

□ 採用面接 채용면접 | 採用面接随時実施中- 尚、定員になり次第締め切りとさせていただきますので、お早めにお問い合わせ下さい。 채용면접 수시 실시 중- 또 정원이 차는 대로 마감하므로 빨리 문의해 주세요.

□ 履歴書 <ruby>履歴書<rt>りれきしょ</rt></ruby> 이력서 | 面接時履歴書をご持参ください 면접 시 이력서를 지참해 주십시오.

    ▷ 採用担当 채용 담당

    ▷ 応募書類 응모서류

    ▷ 氏名 성명

    ▷ 生年月日 생년월일

    ▷ 現住所 현주소

    ▷ 自宅電話 자택전화

    ▷ 携帯電話 핸드폰

    ▷ 扶養家族 부양가족

    ▷ 配偶者 배우자

    ▷ 扶養義務 부양의무

    ▷ 希望勤務時間 희망 근무시간

※ 출처: わらべや日洋株式会社デザート工場(2019)

5. 경찰서 사기 예방 캠페인

□ 交番 ^{こうばん} 파출소 | 交番速報 ^{こうばんそくほう} 相模原北警察署 ^{さがみはらきたけいさつしょ} 지구대(파출소) 속보 사가미하라 북경찰서

□ 元号 ^{げんごう} (천왕의) 원호 | 元号が「変わるのでキャッシュカードを送って!」원호가 바뀌므로 "현금카드를 보내줘요!"

▷ 最近、「元号の改元 ^{かいげん} による銀行法改正 ^{ぎんこうほうかいせい} について」という文書 ^{ぶんしょ} を郵送 ^{ゆうそう} しています。최근 "원호의 개원에 따른 은행법 개정에 대해서"라는 문서를 우송하고 있습니다.

▷ キャッシュカードの変更手続 ^{へんこうてつづ} きをする必要がある。현금카드의 변경 수속을 할 필요가 있다.

▷ 暗証番号 ^{あんしょうばんごう} を記入 ^{きにゅう} した変更申込書 ^{へんこうもうしこみしょ} と、キャッシュカードを封筒 ^{ふうとう} に入れて返送 ^{へんそう} してなどと指示する、新しい手口 ^{てぐち} の詐欺 ^{さぎ} が確認されました。비밀번호를 기입한 변경신청서와 현금카드를 봉투에 넣어 반송해달라고 요구하는 신종 수법의 사기가 확인되었습니다.

▷ このような郵送物 ^{ゆうそうぶつ} を受け取った場合は、返送することなく、警察 ^{けいさつ} に相談 ^{そうだん} してください! 이와 같은 우송물을 수취한 경우, 반송하지 말고 경찰서로 상담 바랍니다.

※ 출처: 相模原北警察署(2019)

6. 기독교 복음강좌

☐ 乗り越える 극복하다 | ハンディキャップを乗り越えよう! 핸디캡을 극복하자

☐ 福音書 복음서 | 新約聖書「ルカによる福音書」19章から福沢満雄先生
が現代人にメッセージ! 신약성서 "루카에 의한 복음서" 19장으로 후쿠자와 미쓰오
선생님이 현대인에게 전하는 메시지!

    ▷ ある日、背の低いザアカイの住む町に、イエス様がやってきた! 背の
       低いザアカイには、イエス様が全然見えません。そこで彼が取った行
       動は…? 어느 날, 키가 작은 자캐오가 사는 마을에 예수님이 찾아 오셨다. 키가 작은
       자캐오에게는 예수님의 모습이 전혀 보이지 않습니다. 그래서 그가 취한 행동은…?

☐ 牧師 목사 | 福沢満雄牧師プロフィール 후쿠자와 미쓰오 목사님 프로필

    ▷ 1937年 東京都品川区にて日蓮宗の家庭に生まれる 1937년 도쿄도 시나
       가와 구에서 일련종의 가정에서 태어남

    ▷ 1956年 株式会社ニコンの聖書研究会から、日本同盟大井教会に導か
       れて受洗 1956년 주식회사 니콘의 성서연구회 소속으로 일본 동맹 오이교회에 인도
       되어 세례를 받음

    ▷ 1963年 ホーリネス東京聖書学院卒業 홀리네스 도쿄 성서학원 졸업

    ▷ 1987年ジャパン・カルバリー・クルセードを設立。巡回伝道者となる。

1987년 재팬 칼바리 클루세드를 설립. 순회 전도자가 되다.

▷ 趣味‐ 詩吟8段 취미‐ 시음 8단

▷ 他の主な役職 그 밖의 주요 직책

▷ 「父の学校」日本本部指導牧師 "아버지 학교"일본 본부 지도목사

▷ 「ブルーリボンの祈り会」発起人 "블루리본 기도회"발기인

▷ 復活のキリスト東京教会協力牧師 부활의 그리스도 도쿄교회 협력 목사

▷ 2/17 SUN AM 11:00 十字架福音キリスト教会 入場無料 십자가 복음
그리스도 교회 입장 무료

※ 출처: 十字架福音キリスト教会(2019)

7. 남성 · 여성 정장 세일

□ 決算 결산 | 平成最後決算前の総力祭 헤이세이 마지막 결산 전의 총력행사(대 바겐세일)

□ 先取り 선수매 | 今欲しい新作もオールシーズンも先取り&買い替えの チャンス!! 지금 갖고 싶은 신상품도 기성복도 선수매와 재구매 찬스

□ 清潔 청결 | 洗えて清潔&2パンツスーツ 세탁이 가능하므로 청결을 유지할 수 있음. 두 벌의 바지 정장

□ 관련 단어

▷ メンズスーツ・礼服 남성복 정장·예복 | レディスフォーマル 여성복 정장 | ニューネイビー&ブラックスーツ 뉴네이비&블랙정장 | スリムスリーピー ス 슬림 쓰리피스 | ウォッシャブルスーツ 워셔블 정장 | スーツデビュー 수 츠 데뷔 | コーディネートアイテム 코디네이트 아이템 | シャツ 와이셔츠 | タイ 넥타이 | ストレートチップシューズ 스트레이트 칩 구두 | クリアレ ザーシューズ 크리어 가죽 구두 | ファーストフォーマル 퍼스트 정장 | シン グルフォーマル 싱글 정장 | レディスフォーマル 부인복 정장 | 入園式 유 치원 입학식 | 入学式 입학식 | プレミアムウォッシュスーツ 프레미엄 워시

정장 | 家族割 ^{かぞくわり} 가족 할인 | お父様 아버님 | ご兄弟 형제분 | お母様 어머님 | フレッシャーズ&就活 ^{しゅうかつ} 사회초년생&구직활동 | ビッグセール 빅세일 | スヌーピーメジャー 스누피 줄자 | オールシーズン 올시즌 | はっ水ストレッチスーツ 발수 스트레치 수츠 | 超耐久スリーピーススーツ ^{ちょうたいきゅう} 초내구성 쓰리피스 수츠 | トラベラーストレッチジャケット 트래벌러 스트레치 자켓 | リネンニットジャケット 리넨 닛트 자켓 | 防シワ性 주름 방지성 | 高品質礼服 ^{こうひんしつ} 고품질 예복 | 買い替えチャンス 재구매 찬스 | ウルトラブラックスリムフォーマル 울트라 블랙슬림 정장 | シングルフォーマル 싱글정장 | ショールカラージャケット 숄 컬러 자켓 | 前ファスナー七分袖ワンピース 앞 파스너 7부 소매 원피스 | テーラードジャケット 테라드 자켓 | 新作生地 ^{しんさく きじ} 신작 옷감 | 2着セットフェア ^{ちゃく} 2벌 세트 웨어 | メンズ シューズ・バッグ 남성구두·백 | メンズスラックス 남성 긴바지 | メンズ商品 남성 상품 | レディス商品 여성 상품 | もれなくプレゼント 빠짐없이 선물

※ 출처: AOKIビッグセール(2018)

8. 농장체험

□ 新規会員 신규회원 | NEW OPEN! LET`S ENJOY 新規会員募集中です! 뉴 오픈! 렛츠 인조이 신규회원 모집중입니다!

▷ 必要なものすべてが揃っているから手ぶらで気軽に通えます。 필요한 모든 것이 갖춰져 있으므로 빈손으로 가볍게 다닐 수 있습니다.

□ 農園 농원 | 話題の農園サービス 화제의 농원 서비스

▷ 初心者歓迎! 菜園アドバイザーがしっかりサポート。 초심자 환영! 농장관리원이 열심히 서포트합니다.

▷ 有機質肥料・無農薬野菜 | 有機質肥料・無農薬で安心・美味しい野菜を。 유기질 비료・무농약 | 야채 유기질 비료・무농약이므로 안심하고 맛있는 야채를 재배할 수 있습니다.

▷ 各種イベントも! 講習会やイベントで充実した農園ライフを。 각종 이벤트도! 강습회와 이벤트로 충실한 농원 생활을 즐길 수 있습니다.

□ シェア畑 밭 공유 | サポート付き貸し農園シェア畑八王子みなみ野 농장관리인이 함께하는 대여 농원 공유 경작지 하치오지 미나미노

□ 野菜 야채 | このチラシ持参で! 野菜栽培キットプレゼント! 이 유인물을 지참하시면 야채 재배 농기구 세트를 선물로 드립니다!

▷ ブロッコリースプラウト栽培キットです。 블록콜리 스프라우트 재배 농기구

세트입니다.

▷ 農園見学は随時受付中です。ホームページまたはお電話にてご予約ください。 농원 견학은 수시 접수중입니다. 홈페이지 또는 전화로 연락 주십시오.

□ 事務局 사무국 | お問い合せ 문의처 | 農園運営事務局 농원운영사무국
0120-831-296

▷ 受付時間 9:30〜18:30(土、日・祝日も受付中) 접수시간 9:30〜18:30(토, 일・경축일에도 접수중)

▷ ガイアの夜明け 2018年7月3日に紹介されました。メディアでも注目! 가이아의 새벽(방송 프로그램명) 2018년 7월 3일에 소개되었습니다. 미디어에서도 주목하고 있습니다!

□ 栽培 재배 | チラシナンバー SY 野菜栽培キット引換券 전단지 번호 SY 야채재배 농기구세트 교환권

▷ チラシ持参でプレゼント! 有効期限 : 2019年6月末 전단지 지참하시면 선물을 드립니다! 유효기간: 2019년 6월말까지

□ 特長 특별한 장점 | さらに詳しく! サポート付き農園の特長 Q&A 더 상세하게! 서포터가 딸린 농원 특장

Q. 1区画でどのくらいの野菜が収穫できますか? 1구획으로 어느 정도의 야채를 수확할 수 있습니까?

A. 天候によってばらつきはありますが、およそミニトマト240個、きゅうり60本、なす60本、枝豆240さやなど20品目程度の野菜をたくさん収穫できます。 날씨에 따라 들쭉날쭉하는 경우가 있습니다만 대략 방울토마토 240개, 오이 60개, 가지 60개, 콩 240알 등 20품목 정도의 야채를 꽤 많이 수확할 수 있습니다.

▷ 春・夏 作付けレイアウトの例 こんなにたくさん！ 봄·여름철에 심은 농작물 레이아웃의 예– 이렇게나 많이! | ミニトマト 방울토마토 | きゅうり 오이 | なす 가지 | 枝豆 풋콩 | トマト 토마토 | ピーマン 피망 | とうもろこし 옥수수 | インゲン 강낭콩 | ニンジン 당근 | カブ 순무 | スイカ 수박 | オクラ 오크라

▷ Q. 初心者・1人でも始められますか？ 초심자·혼자라도 시작할 수 있나요?

▷ A. 定期的に、菜園アドバイザーが講師となり、育て方の講習会を開催し、随時サポートも受けられます。初めての方や家庭菜園で失敗した方も安心して野菜を育てられます。お一人でもご家庭でもご利用いただけます。 정기적으로 농장 관리인이 강사가 되어 재배법 강습회를 개최하며 수시로 서포트도 받을 수 있습니다. 처음 하시는 분이나 가정에서 채소 재배를 실패하신 분도 안심하고 야채를 기를 수 있습니다. 혼자라도 가정에서도 이용하실 수 있습니다.

▷ Q. 平日は忙しく、週末しか畑に行けないのですが。 평일은 바쁘고 주말에만 밭에 갈 수 있습니다만…

▷ A. ご安心ください。プランターと違い、畑での栽培には定期的な水やりは不要です。週に1回も難しい方はオプションで栽培代行サービスも承っています。 안심하셔도 됩니다. 소형의 재배용기와 달리, 밭 재배에서는 정기적으로 물을 주지 않아도 됩니다. 주1회도 어려우신 분은 옵션으로 재배대행 서비스를 접수하고 있습니다.

▷ Q. 本当に手ぶらで通えますか? 정말로 농기구 없이 다닐 수 있습니까?

▷ A. クワやスコップなどの農具は畑に常時設置しており、季節ごとの種や苗、肥料もご用意します。農具以外にも、野菜を支える支柱や虫の侵入を防ぐ防虫ネットなど栽培に必要な資材も揃えています。 괭이와

삽과 같은 농기구는 밭에 상시 설치되어 있으며 계절마다 씨앗이나 묘목, 비료도 준비하고 있습니다. 농기구 이외에도 야채를 받쳐주는 지주와 벌레의 침입을 방지하는 방충망 등 재배에 필요한 자재도 모두 갖추고 있습니다.

☐ 共同利用 공동이용 | 区画利用料(月額) ご友人との共同利用も可能! 구획 이용료(한달 요금) 친구분과의 공동 이용도 가능합니다. ※最大8名様まで共同利用可能 ※こども区画除く 최대 8분까지 공동 이용이 가능합니다. ※어린이 구획은 제외

  ▷ こども区画 5,926円(税抜き・3㎡)～＋入会金 10,000円(税抜, 全区画共通) 어린이 구획 5,926 엔(세금별도・3㎡)～＋입회금 10,000 엔(세금별도, 전 구획 공통)

  ▷ 通常区画 7,963円(税抜き・10㎡)～＋入会金 10,000円(税抜, 全区画共通) 통상 구획 7,963 엔(세금별도・10㎡)～＋입회금 10,000 엔(세금별도, 전 구획 공통)

☐ サポート付き農園 シェア畑 八王子みなみ野 서포트 딸린 농원 공유 경작지 하치오지 미나미노

  ▷ 現在所在地- 東京都八王子市大船326南側畑 현재 소재지- 도쿄도 하치오지 시 오부네 326 남쪽 밭

  ▷ 徒歩でのご来園- 八王子みなみ野駅から24分 도보로 내원하실 경우- 하치오지 미나미노역에서 24분

  ▷ 自転車でのご来園- 京王高尾線めじろ台駅から7分 자전거로 내원하실 경우- 케이오 다카오선 메지로다이역에서 7분

  ▷ バスでのご来園- めじろ台から8分 버스로 내원하실 경우- 메지로다이에서 8분

☐ 農地 농지 | 農地を募集しています。 농지를 모집하고 있습니다.

▷ 農地を市民農園として再生しませんか。ご紹介でも、紹介料をお支払

いいたします。농지를 시민농원으로서 재생하지 않겠습니까? 소개를 해주시면 소

개료를 지불하겠습니다.

□ 積極 적극 | 菜園アドバイザー積極採用中! 농원 재배 어드바이져 적극적으로

채용중입니다!

▷ 週2日、3時間から勤務可能! 経験を活かして、農と人をつなぐスタッ

フとして働いてみませんか? 詳しくは農園運営事務局までお問い合わ

せください。주2일, 3시간부터 근무 가능합니다. 경험을 살려 농사와 사람을 잇는

스탭으로 일해 보시지 않겠습니까? 더 상세하게 아시고 싶은 분은 농원운영사무국으

로 문의해 주십시오.

※出处: サポート付き農園 シェア畑 八王子みなみ野(2019)

9. 독서실

□ 自習室 독서실 | 自習室倶楽部 橋本店 4月下旬オープン 독서실 클럽 하시모토점 4월 하순 오픈

□ 半額 반액 | このチラシをご持参いただければ1か月間の月額利用料が半額! 이 전단지를 지참하시면 1개월 동안의 월 이용료가 반액!

□ 資格試験 자격시험 | 資格試験・受験勉強・書斎として月額8,800円(税込)! 자격시험・입시공부・서재로써 월 이용요금 8,800 엔(세금포함)!

□ 橋本自習室 하시모토 독서실

▷ JR横浜線・相模線「橋本駅」徒歩3分 JR요코하마 선・사가미 선 "하시모토 역" 도보 3분

▷ 営業時間- 7:00~22:00 영업시간- 7:00~22:00

▷ 利用料金 入会金 1,000円 自由席 月額 8,800円(税込) 年中無休 이용요금 입회금 1,000 엔 자유석 월 이용요금 8,800 엔(세금포함) 연중무휴

□ 自習室倶楽部全11店舗 독서실 클럽 전 11점포

▷ 多摩センター店 다마센타점 | 新百合ヶ丘店 신유리가오카점 | 橋本店 하시모토점 | 町田店 마치다점 | 海老名店 에비나점 | 湘南台店 쇼난다이점 | 新横浜店 신요코하마점 | 川崎店 가와사키점 | 蒲田店 가마타점 | 溝ノ口店 미조노구치점 | 青葉台店 아오바다이점

※ 출처: 自習室倶楽部(2019)

10. 두통 치료

□ 頭痛 두통 | 頭痛のあなたへ 目がスッキリする! 頭痛が消えてしまう! 두통을 앓고 계신 당신에게. 눈이 맑아진다! 두통이 사라진다!

    ▷ "日だまりショット"を受けてみませんか? "양지시술"을 받아보지 않겠습니까?

□ 当てはまる 해당하다 | 下記の当てはまるものにチェックをしてみてね 아래의 해당되는 것에 체크를 해주세요.

    ▷ ロキソニンやイブを飲んでいる 록소닌이나 이브를 마시고 있다.

    ▷ ズキズキガンガン頭が痛い 머리가 지끈지끈 아프다.

    ▷ 首がこってくると頭痛になる 목이 뻐근해지면 두통이 된다.

    ▷ 頭痛で吐き気やめまいがする 두통으로 구역질이나 현기증이 난다.

    ▷ 目の奥がズ〜ンと痛い 눈 안쪽이 욱신거린다.

    ▷ 天候が悪くなる前に頭痛がする 날씨가 안 좋아지기 전에 두통이 난다.

    ▷ どこへ行っても頭痛が治らない 어디에 가도 두통이 낫지 않는다.

□ 頭痛セラピー「日だまりショット」で頭痛スッキリキャンペーン 두통 요법 "양지 시술"로 두통 치료 캠페인

    ▷ 通常料金¥7,000のところ¥2,000(期限4月30日まで) 통상 요금 7,000 엔을 2,000 엔으로 할인(기한 4월 30일까지)

□ 連絡 연락 | 頭痛専門「さと頭痛ラボです」と出ますので「チラシを見
たよ!」とご連絡ください。 두통 전문 "사토 두통 연구실입니다."라고 나오므로 전
단지를 보았다고 말씀해 주세요.

　　▷ 女性のための整体院- さと頭痛ラボ 070-4204-6585 여성을 위한 안마시술
　　　원-사토 두통 연구소 070-4204-6585

□ 相模原に頭痛を治しに行く方法! 사가미하라에 두통을 치료하러 가능 방법

　　▷ JR相模原線 南橋本駅東口徒歩3分 JR사가미하라 선 미나미하시모토 역 동쪽
　　　입구 도보 3분

　　▷ 南橋本駅東口を出て、メディカルビルの道を直進 미나미하시모토 동쪽 출
　　　입구를 나와 메디컬 빌딩 도로를 직진하세요.

　　▷ コインパーキングを左折 코인 파킹을 좌회전. 右折 우회전

　　▷ 白いアパートの1階です 흰색 아파트 1층입니다.

　　▷ 問診- 頭痛の症状や悩みをお聞きします 문진- 두통이 증상과 고민 청취

　　▷ 施術- 頭痛セラピー「日だまりショット」を行います 시술 두통 요법 "양
　　　지 시술"을 행합니다.

　　▷ アドバイス- 頭痛の原因やアフターケアをお伝えします 어드바이스- 두통
　　　의 원인과 애프터케어를 알려드립니다.

□ 雑誌「カラダにいいこと」で紹介された「日だまりショット」今なら
2,000円でお試し頂けます。 잡지 "몸에 좋은 것"에서 소개된 "양지 시술" 지금이
라면 2,000 엔으로 시술을 받아보실 수 있습니다.

□ つらい頭痛でお悩みの方、ご予約はこちらへ 괴로운 두통으로 고민하시는 분.
예약은 이쪽으로!

▷ さと頭痛ラボ 사토 요통 연구소 070-4204-6585

▷ 当院は頭痛に特化した整体院で女性専門となります。 본원은 두통으로 특
화된 여성전문 안마시술원입니다.

※출처: さと頭痛ラボ(2019)

11. 레스토랑

☐ DEL GLUTTON DINER(デル・グルトン・ダイナー) 델 그루통 다이너
SOUTH CALIFORNIA MEXICAN

☐ PARTY PLAN SPECIAL MENU

☐ COURSE MENU ￥2,800

    ▷ SALAD | 前菜3品 애피타이저 3품 | HAMBURG STEAK | TACOS |
PASTA

☐ FREE DRINK ￥1,700(飲み放題100分) 100분간 무제한 식사

    ▷ BEER | WINE | SOUR | HI－BALL COCKTAIL | BEVERAGE

☐ TAKE OUT テイクアウト始めました! 테이크아웃 개시하였습니다!

☐ FOOD

    ▷ ハンバーガー(ポテト付) 햄버거(감자가 들어감) ￥880～

    ▷ タコス2P(ポテト付) 타코스 2P(감자가 들어감) ￥980

☐ DESSERT

    ▷ ソフトクリーム 소프트크림 ￥450～

☐ DRINK

    ▷ COFFEE ￥400

⊳ 自家製レモネード 자가 제조 레모네이드 ￥530

☐ DELICIOUS MENU SPECIAL SPICE

☐ DEL GLUTTON DINER

   ⊳ OPEN 11:00 │ CLOSE 23:00

※출처: DEL GLUTTON DINER(2018)

12. 머리염색

□ 専門店(せんもんてん) 전문점 | fufuヘアカラー専門店 fufu 머리 염색 전문점

□ 白髪染(しらが ぞ)め 흰머리 염색 | 白髪染めも、おしゃれ染めも 흰 머리 염색도, 멋스런 염색도

□ 手軽(てがる) 부담 없음 | プロのヘアカラーを、もっと手軽に。 프로가 하는 염색을, 좀 더 부담 없이

□ 4/12(木) OPEN!

　▷ ヘアカラー専門店『fufu』がミウィ橋本にOPEN! 머리염색 전문점 fufu가 미위 하시모토에 오픈했습니다.

　▷ ミウィ橋本に、吉祥寺(きちじょうじ)や中野(なかの)など関東(かんとう)を中心に33店舗(てんぽ)を展開(てんかい)しているヘアカラー専門店『fufu』がOPEN! さっと1時間程度(ていど)で、ムラなくツヤのある髪に仕上(しあ)げます。 전문점 fufu가 오픈했습니다. 1시간 정도로 가볍게 골고루 윤이 나는 머리카락을 완성합니다.

□ 価格(かかく) 가격 | 初めてご利用頂く方は、今なら、お試し価格で! 처음 이용하시는 분은 지금이라면 이 시험 가격으로!

　▷ 根本染(ねもとぞ)め(リタッチ・セルフブロー) 税別(ぜいべつ) 2,400円 뿌리 염색(리터치·직접 머리 손질) 세금별도 2,400 엔

▷ 全体染め(フルカラー・セルフブロー) 税別 3,400円 전체 염색(풀 컬러 · 혼자 머리 손질) 세금별도 3,400 엔 ※ どちらのメニューもヘアカラー/シャンプー/トリートメント込になります。 어느 쪽 메뉴도 염색/샴푸/트리트먼트가 포함이 됩니다. (鎖骨以上の長さの場合＋500円) 쇄골 이상 내려오는 머리카락의 경우 500 엔이 추가됩니다.

▷ 部分染め 1,650円 短時間60分 色持ちが良い ダメージが少ない 부분 염색 1,650 엔 단시간 60분 색감이 좋다 데미지가 적다 予約なしでもOK! 예약을 하지 않으셔도 오케이

□ 悩み｜白髪染め、おしゃれ染めでお悩みの方へ 흰머리 염색, 멋스런 염색으로 고민하시는 분에게

▷ 自宅で染めると色ムラになってうまく染められない… 집에서 염색하면 얼룩이 져서 염색을 제대로 못하는데…

▷ 白髪が伸びてきた根元だけ、だけどわざわざ美容室にいくのは… 흰머리가 자란 뿌리만, 하지만 일부러 미용실에 가기에는…

▷ プリンになってきたけど、あと1ヶ月くらいは我慢しよう… 머리 언저리에 염색이 바래져 검은 머리카락이 올라오는데 앞으로 1달 정도 참자…

□ ヘアカラー専門店 fufuミウィ橋本店 머리염색 전문점 fufu미위 하시모토점

▷ 住所 주소 〒252-0143 神奈川県相模原市緑区橋本3-28-1地下1階 가나가와 현 사가미하라 시 미도리 구 하시모토 3-28-1 지하 1층

▷ 電話番号 전화번호 042-703-6055

▷ 最終受付 최종접수 リタッチ20:00/フルカラー19:30 리터치 20:00/전체 염색 19:30

▷ ご予約は4/9(月)からお受けいたします。 예약은 4/9(월)부터 받습니다.

□ ご利用方法 이용 방법

▷ ご来店- ふと思いついた時に気軽にお越しいただけるよう、ご予約なしでも<ruby>大丈夫<rt>だいじょうぶ</rt></ruby>。 내점-문득 생각났을 때에 부담 없이 오세요. 예약하지 않으셔도 됩니다.

▷ カウンセリング 카운슬링- お<ruby>客様<rt>きゃくさま</rt></ruby>のイメージに合わせて、カラーカタログよりお選びいただきます。 손님의 이미지에 맞춰 컬러 목록에서 선택하실 수 있습니다.

▷ お<ruby>会計<rt>かいけい</rt></ruby>- <ruby>施術内容<rt>しじゅつないよう</rt></ruby>が決まったら、先にお会計をお済ませください。 회계- 시술 내용이 결정되면 먼저 요금을 결제해주세요.

▷ カラーリング 컬러링(염색) | プロフェッショナル向けのカラー剤で、<ruby>美容師<rt>びようし</rt></ruby>がしっかり<ruby>塗布<rt>とふ</rt></ruby>します。 프로페셔널 대상의 컬러제로 미용사가 빈틈없이 바릅니다.

▷ シャンプー 샴푸 | 髪にダメージの少ないシャンプーです。 プロの手で、丁寧に洗い流します。 머리카락에 손상이 적은 샴푸입니다. 프로페셔널의 손으로 정성껏 씻어냅니다.

▷ ブロー- お客様ご自身でブローする、「セルフブロー」になります。 머리 손질- 손님이 직접 머리카락을 손질하는 "셀프 블로우"입니다.

▷ ドリンクが無料! ヘアカラー剤が髪に<ruby>浸透<rt>しんとう</rt></ruby>するまでの待ち時間も、くつろいでいただけたら。 そんな想いから、無料ドリンク(セルフサービス)や、多数の雑誌をご用意しております。 음료수가 무료입니다. 염색제가 머리카락에 침투할 때까지 기다리는 시간도 편히 쉬셨으면 합니다. 이에 무료 음료수 (셀프 서비스)와 다수의 잡지를 준비해 두었습니다.

□ メニュー・料金 메뉴·요금

□ ヘアカラーメニュー(セルフブロー) 염색 메뉴(직접 머리 손질하기)

  ▷ 伸びてきた部分だけを定期的に- 根本染め(リタッチ) 2,400円 자란 부분
    만을 정기적으로- 뿌리염색(리터치) 2,400 엔 ※ 頭皮から3cmよりも染める部
    分が長い場合は、追加のカラー剤代金として＋350円いただきます。
    두피에서 3센티미터 이상 염색해야 할 경우, 추가 염색제 대금으로 350 엔 추가요금이
    발생합니다.

  ▷ 全体の色みを揃えたい方に 전체 색깔을 맞추고자 희망하시는 분에게 | 全体染
    め(ショート) 3,400円 全体染め(ロング) 3,900円 전체 염색(단발머리) 3,400 엔
    전체 염색(긴 머리) 3,900 엔 ※鎖骨よりも長い方をロングとさせていただい
    ております。쇄골 아래로 내려오는 긴 머리카락을 긴 머리(롱)로 규정하고 있습니다.

  ▷ 顔周り、分け目などが気になる方に- 部分染め 1,650円 얼굴 주위, 경계
    선 등이 염려되는 분에게- 부분 염색 1,650 엔

□ トリートメントによる髪のケアメニュー 트리트먼트에 의한 머리카락 케어 메뉴

  ▷ 髪に潤いをあたえ、さらさらな髪に(ミルボン社リンケージ使用) 머리카
    락에 윤기를 주고 부드러운 모발로(미르봉 사 링케이지 사용) つやさらトリートメ
    ント 1,800円 광택이 나고 부드러운 모발 트리트먼트는 1,800 엔

  ▷ 髪の内部に浸透し、しなやかでさらさらな髪に(デミ社コンポジオ使用)
    머리카락 내부에 침투하여 유연성이 있고 부드러운 모발로(데미사 콤포지오 사용) は
    りこし&つやさらトリートメント 2,500円 모발 탄력&광택과 윤기 있는 트
    리트먼트 2,500 엔

□ 店頭販売 가두판매 | 自宅で行う髪のケアメニュー(店頭販売) 자택에서 하
  는 머리카락 케어 메뉴(가두판매)

  ▷ 色持ち、つやのある髪をより長く維持するために THE SHAMPOO

280ml 2,580円 색감 유지, 윤택이 나는 머리카락을 보다 길게 유지하기 위해

※ 髪に含まれている多くのアミノ酸を、洗いながら髪に補充。 머리카락에 포함되어 있는 많은 아미노산을 씻으면서 머리카락에 보충

▷ THE HAIR OIL 50ml 1,800円 ※ 頭皮や髪の老化を抑え、髪の内部に栄養を届け、ハリ・コシを与える。 두피나 머리카락의 노화를 억제하고 머리카락 내부에 영양을 전달하고 탄력을 제공한다.

☐ 最先端 최첨단 | fufuヘアカラー剤の特徴- 草花の恵みと最先端の色持ちが一つになったヘアカラー fufu염색제의 특징- 풀과 꽃과 최첨단의 색감이 하나가된 염색

▷ バリエーション 다양성 | さまざまなご要望にお応えする全48色のラインナップ 다양한 고객의 요망에 대응하는 전체 48색의 라인업

▷ 低ダメージ 저 손상 | キューティクルの浮き上がりを低減し、低ダメージに 큐티클의 부상을 저감시키고 손상을 최대한 억제

▷ 植物成分 식물성분 | 草花の成分による毛髪保護 풀과 꽃 성분에 의한 모발 보호

▷ 低臭 저취 | アンモニア揮発量を抑え、臭いを40％以上低減 암모니아 휘발량을 억제하여 냄새를 40% 이상 저감

☐ シルクで洗うオリジナルシャンプー 실크로 씻는 오리지널 샴푸

▷ 髪に近い成分であるシルクから生まれた加水分解シルクNA(PPT系界面活性剤)で洗う、という新発想のシャンプー。 머리카락에 가까운 성분인 실크로 만들어진 가수분해 실크NA(PPT계 계면활성제)로 씻는다는 새로운 발상의 샴푸

▷ シスチン、グルタミン酸、アルギニン、ロイシンなど全10種類のアミ

ノ酸の働きによりカラーなどで傷んだ髪にハリ・コシなどの栄養を補

充し、洗うたび強くしなやかな髪を育みます。 시스친, 구루타민산, 아르기

닌, 로이신 등 전체 10종류의 아미노산의 작용에 의해 염색 등으로 손상된 머리카락에

탄력을 위한 영양을 보충하고 씻을 때마다 강하고 유연성 있는 머리카락을 만들어냅니다.

▷ またシルク成分が髪を覆い、贅沢に配合されたヘマチンの働きで、よ

りツヤのある髪を維持します。 또 실크 성분이 머리카락을 에워싸고 고도로 배

합된 헤마친의 작용으로 보다 윤택이 있는 머리카락을 유지합니다.

☐ スタッフ募集 직원 모집

▷ 全員シフト制 전원 시프트제

▷ アシスタント経験のみOK 어시스턴트 경험만 있어도 응모 가능

▷ ブランクあってもOK 공백이 있어도 응모 가능

▷ 社会保険完備 사회보험 완비

▷ 社員 사원 週休 2日確約 주 2회 휴무확약 月給制 월급제 : 22.1万円~

▷ パート 週2回、1日5時間~ 時給制:1,100円~ 파트 주 2회, 1일 5시간~ 시
급제

☐ 그 외 관련 단어

▷ カラーチケット 염색 티켓 | マニキュア・ヘナ 머니큐어 헤나 | トリートメ

ント・ヘッドスパ 트리트먼트 헤드 스파 | 敏感な髪 민감한 모발 | 待ち時間

대기시간 | 賞美期限 상미기한

※ 출처: ヘアカラー専門店 fufu ミウィ橋本店(2019)

13. 모델하우스(주택) 오픈

□ 住宅 주택 | モデルハウス全館空調住宅になりました。リニューアルOPEN

모델하우스 전관 공기순환시스템 주택이 되었습니다. 새롭게 개장하여 오픈하였습니다.

□ 体感 체감 | 「全館空調」による、驚きの快適空間を是非ご体感ください!

"쾌적한 에어컨"에 의한 경이로운 쾌적 공간을 꼭 체감해보세요!

□ 注文住宅 주문주택 | フルオーダーの注文住宅 アエラホーム相模原店

リニューアルオープン 전 주문주택 아에라홈 사가미하라 점 새 개장 오픈

□ 家族 가족 | ご家族お揃いでご来場ください! 가족분들과 함께 오십시오!

□ 値段 가격 | リニューアル記念キャンペーン! 全館空調プレゼント お値

段はそのまま 새 개장 기념 캠페인! 전관 에어컨 선물 가격은 그대로

□ 展示場 전시장 | 展示場でアンケートに答えるだけ ご来場プレゼント! 3

つの中から1つお選びいただけます 전시장에서 앙케이트조사에 대답만 해주셔

도 선물을 드립니다. 세 개 중에서 1개만 선택하실 수 있습니다.

    ▷ 黒毛和牛 흑우 | ヱビスビール350ml24本 에비스 맥주 350밀리그램 24캔 |

    ゴディバゴールドコレクション20粒 고디바골드 컬렉션 20

□ 高気密住宅・高断熱・高遮熱住宅との相性抜群! 고기밀주택・고단열주택・

고차단열주택과의 상성도가 탁월합니다!

□ 全館空調換気システム 전관 에어컨 환기 시스템

    ▷ 我が家がまるでホテルのような住み心地に! 우리 집이 마치 호텔과 같은 느낌
      으로!

□ 冷暖房 난방기 | お家まるごと冷暖房＋24時間計画換気 집 전체 냉난방 +
  24시간 계획 환기

□ 温度 온도 | 一年中、家のどこにいても快適な温度に! 일 년 내내, 집 어디
  에 있어도 쾌적한 온도로!

□ 快適 쾌적 | 温度バリアフリーどこでも快適 온도 배리어프리 어디에서도 쾌적

□ 底コスト 저비용 | 経済的 驚きの低コストを実現! 家全体がムラなく快
  適で、さらにコストダウンも実現します! 경제적 경이로운 저비용을 실현! 집
  전체가 어디서나 쾌적하며 게다가 비용 절감도 가능합니다.

    ▷ 半分以下の費用で設置できる 절반 이하의 비용으로 설치할 수 있다.

    ▷ 住まいに関すること何でもご相談ください 주거에 관한 것이라면 무엇이라도
      상담해주십시오.

    ▷ まずはお気軽にご相談ください 부담없이 상담해주십시오.

※ 출처: アエラホーム株式会社(2018)

14. 미용실

□ 大人気 대인기 | 関西で大人気!ヤバヤバトリートメント 간사이에서 대인기!
야바야바 트리트먼트

□ 種類 종류 | まずはシャンプー台で1種類目のトリートメント! 우선은 샴푸
대에서 한 종류의 트리트먼트를 받아보세요.

□ 補充 보충 | ヤバトリでは全7種類の栄養を髪の毛に補充します! 야바트리
(야바야바 트리트먼트)에서는 전 7종류의 영양을 모발에 보충합니다!

□ 移動 이동 | 席に移動してから2〜6種類目までのトリートメントを重ね
付け! 자리에 이동하고 나서 2-6종류 째까지 트리트먼트를 중복 보충

□ 低温 저온 | その後低温のアイロンでしっかり定着させていただきます。
그 후 저온 헤어아이언으로 확실하게 정착합니다.

□ 仕上げる 마무리하다 | もう一度シャンプー台で流して最後のトリートメ
ント!席で仕上げ♪ 한 번 더 샴푸대에서 씻어 마지막 트리트먼트를 합니다. 그 자
리에서 바로 마무리합니다.

□ 新規様限定 신규고객분 한정 | カット＋ヤバヤバトリートメント ￥9396
컷 ＋ 야바야바 트리트먼트 ￥9396 → 半額 本チラシ持参のご新規様限定
반액 본 전단지를 지참하셔서 오시는 신규 손님으로 한정합니다.

□ カットシャンプーブロー ￥3996 → ￥2996 컷 샴푸 머리 손질

☐ カットシャンプーブロー ＋ ヤバヤバトリートメント 컷 샴푸 머리 손질 + 야바야바 트리트먼트 ￥9396 → 半額 반액

☐ カットシャンプーブロー ＋ オーガニックカラー ￥10470 → ￥7800 ～ 컷 샴푸 머리 손질 + 천연 염색

☐ 中学生・高校生限定学割 중학생・고교생 한정 학생할인

☐ 縮毛矯正 곱슬머리 교정 | カットシャンプーブロー ＋ 縮毛矯正 ￥16416 → ￥9720 컷 샴푸 머리 건조 + 곱슬머리 교정 ￥16416 → ￥9720

☐ Special Campaign

▷ 新しい季節を新しい自分で!オトクにキレイを手に入れて♥ 새 계절을 새로운 자신으로! 가격 혜택에 아름다움을 손에 넣어보아요♥

▷ 美容室プロデュース スペシャルキャンペーン 미용실 프로듀스 스페셜 캠페인

▷ 日頃の感謝を込めて特別価格をご用意 평소의 감사를 담아 특별가격을 준비했습니다.

☐ Produce

▷ Produceはライフスタイルのシーンに合わせてお客様の一人ひとりの魅力をご提案します。 프로듀스는 라이프스타일의 장면에 맞춰 고객님들 한 분 한 분의 매력을 제안합니다.

☐ カット＆カラー 컷＆염색

▷ 7トーンまでカウンセリング・ブロー付￥4,000 新規のお客様限定価格 일곱 톤까지 카운슬링・머리 건조 ￥4,000 신규고객 한정 가격

▷ 縮毛ストレート(カット・ブロー別) 오그라든 머리카락 펴기(컷트·머리손질 별도) ￥4,900

▷ スタイリストカット(カウンセリング・ブロー付) 스타일리스트 컷(카운셀링·머리손질 포함) ￥1,900

▷ ヘアカラー(7トーンまで/カット、ブロー料金、ロング料金別途) 머리염색(7톤까지/컷트, 머리손질 요금, 긴 머리 요금별도) ファッションカラー/グレイカラー 패션염색/그레이염색 ￥2,500

□ ランク料金別途 랭크 요금 별도

▷ トップスタイリスト 톱 스타일리스트 + ￥500

▷ サロンディレクター 살롱 디렉터 + ￥1,000

▷ アートディレクター 아트 디렉터 + ￥1,700

▷ セレクトアートディレクター 셀렉터 아트 디렉터 + ￥2,400

▷ 担当指名 담당 지명 + ￥500

▷ ロング料金別途 긴 머리 요금 별도

□ 大好評 毎月のカラーをもっとおシャレに… 대호평- 매달의 염색을 보다 더 멋지게…

▷ カラーチケット 根元染め5回券 ￥10,800 〜 염색 할인티켓- 뿌리 염색 5회권

□ 相談 상담 | どんなカラーのお悩みもご相談ください! 어떠한 염색에 관련된 고민도 상담해 주세요!

▷ Produceでは、カラー専門のスペシャリストがあなたのライフスタイルに合わせてカラーを提案します。 프로듀스에서는 염색전문 스페셜리스트가 당신의 라이프 스타일에 맞춰 염색을 제안합니다.

▷ 地域最多のカラー剤!! マニキュア・ヘアーまで各種取り揃えております。 지역 최다의 염색제! 매니큐어 헤어까지 다양하게 갖추고 있습니다.

▷ 頭皮・髪の状態に合わせて、塗り方・保養剤までしっかりとしたカウンセリングを行います。 두피·머리카락 상태에 맞춰 바르는 법, 보양제까지 확실히 카운슬링해 드립니다.

▷ トリートメント・ヘッドスパもおすすめ! カラーをしたあとの敏感な髪と頭皮には、状態に合わせたケアが必要! 트리트먼트·머리 감기 및 지압도 추천합니다! 염색을 한 뒤의 민감한 머리카락과 두피에는 상태에 알맞은 케어가 필요합니다.

▷ 次回予約が可能! 時間がなかなか作れない方も、待ち時間が少ない事前予約がおすすめ。 차기 예약이 가능합니다. 시간을 좀처럼 내기 어려운 분도 기다리는 시간이 적은 사전 예약을 권합니다. あなたの周期に合わせてカラーリストが次回の賞美期限をアナウンスします。 당신의 주기에 맞춰 염색 리스트가 차기의 상미기한을 알려드립니다.

☐ 併設 병설 | ネイル・まつ毛エクステ専門サロン「ジュエリー」併設 네일·속눈썹 에스테 전문살롱 "쥬에리" 병설

※ 출처: Jewelry橋本店(2019)

☐ 用意 준비 | 相模原地域にお住いの皆さま! 相模原店限定の大変お得なクーポンをご用意致しました。 사가미하라 지역에 거주하시는 여러분! 사가미하라점 한정의 알뜰 쿠폰을 준비했습니다. | **Special Coupon** スペシャルクーポン 스페셜 쿠폰

□ 保湿 보습 | ストラクチュアカット 似合わせカット 保湿トリートメント
스트럭쳐컷 얼굴 모양에 맞춘 컷 보습 트리트먼트

  ▷ 今ならどっちもできて通常価格 ¥3,000(税抜) 지금이라면 어느 쪽도 가능
    한 통상가격(세금별도) 他にも! カット ＋ カラー ＋ トリートメントなら
    6,800円 그 밖에도! 컷+ 염색+ 트리트먼트라면 6,800 엔

  ▷ 似合うスタイルも旬のスタイルも 髪のまとまりもしっかり決まる! 어울리
    는 스타일도 계절에 걸 맞는 스타일도. 머리카락이 잘 모아지도록 제대로 손질해 드려요!

□ サロンデュアプレ 相模原店限定スペシャルクーポン 살롱 듀아프레 사가미
하라점 한정 스페셜

  ▷ カット ＋ トリートメント シャンプーブロー込 50%OFF 初回限定 컷+
    트리트먼트 샴푸 머리 감기와 말리기 포함 50% 할인 첫 이용객에 한정

  ▷ カット ＋ カラー シャンプーブロー込 保湿トリートメント付き 40%OFF
    初回限定 컷 + 염색 샴푸 머리 감기와 말리기 포함 보습 트리트먼트 포함 40% 할인
    첫 이용객에 한정

  ▷ カット ＋ 白髪染め シャンプーブロー込-保湿トリートメント付き 컷+
    흰머리 염색 샴푸 머리 감기와 손질 포함 보습 트리트먼트 포함- 40%OFF 初回限
    定 40% 할인 첫 이용객 한정 ※デュアプレ相模原店でのみご利用いただけ
    ます。듀아프레 사가미하라 점에서만 이용하실 수 있습니다. ※お一人様1枚1回
    限りご利用いただけます。1인 1장 1회만 이용하실 수 있습니다. ※クーポン
    は切り取ってご利用ください。쿠폰은 절취해서 이용해주십시오.

□ 髪型 헤어스타일 | サロンデュアプレでならなかなか解決しなかったあら
ゆる髪型のお悩みは似合わせカットで解決します! 살롱 듀아프레에서라면 좀
처럼 해결하지 못한 모든 헤어스타일 관련 고민은 머리와 얼굴 모양에 맞춘 컷으로 해결

해드립니다.

- ▷ 毛先の収まりが良くなる 머리카락 끝의 수습이 좋아진다.
- ▷ 立体感が出る 입체감이 난다.
- ▷ 髪がまとまる 머리카락의 볼륨감이 좋아진다.
- ▷ 髪が柔らかくなる 머리카락이 부드러워진다.
- ▷ 均等な毛量調節が可能 균등한 모량 조절이 가능하다.
- ▷ 傷みにくい髪に 손상되기 어려운 모발이 된다.
- ▷ スタイルチェンジがしやすくなる 스타일 체인지를 하기가 쉬어진다.

□ 朝のヘアセットが楽になりました! 아침에 머리손질하기가 편해졌어요!

- ▷ 当日の仕上がりも可愛くて大満足でしたが、数週間経った今もサロンでのスタイルを再現できるのでピッタリ! 朝の支度がとってもラクチンです! 당일 머리완성도 귀여워서 대만족이었습니다만 수주일 지난 지금도 살롱에서의 스타일을 재현할 수 있어서 정말 좋아요! 아침 출근 준비가 정말 편하고 기분 좋아요!

□ カット＋カラー＋保湿トリートメント ¥6,800 컷+염색+보습 트리트먼트

- ▷ 重たい印象になりがちな伸ばした長い髪でも 답답한 인상이 되기 쉬운 긴 머리카락이라도 전혀 문제없어요.

□ カット＋パーマ＋保湿トリートメント ¥6,800

- ▷ ペタッとボリュームがない印象の方でも 착 달라붙어 볼륨감이 없는 인상을 주는 분이라도 괜찮아요.

□ カット 컷 ＋白髪染め 흰머리 염색 ＋ 保湿トリートメント 보습 트리트먼트 ¥6,800

- ▷ 自宅染めでムラのある髪でお悩みの方でも 자택에서 직접 염색을 하여 얼룩

진 머리카락으로 고민하시는 분이라도 괜찮아요.

□ 質感 질감 | お客様それぞれのクセや髪質に合わせ、本来のなめらかな髪の動きや質感を生み出します! | 고객님 각자의 머리카락 특징이나 머리카락 상태에 맞춰 본래의 매끈한 머리카락의 움직이나 질감을 창출해냅니다.

□ 技術 기술 | デュアプレ独自の技術-ストラクチュアーカット 듀아프레 독자의 기술–스트럭쳐 컷

▷ カウンセリング 카운슬링 | 骨格や髪質をチェックし、お悩み・ご希望を伺います。 골격이랑 모발의 질을 체크하고 모발 관리에 있어 고민과 희망을 청취합니다.

▷ シャンプー 삼푸 | 汚れを落とすとともに髪のコンディションを整えます。 얼룩을 제거함과 동시에 최상의 머리카락 컨디션을 유지할 수 있도록 손질해 드립니다.

▷ ウエットカット 웻컷 | ボリュームを出す位置などをつくっていきます。 볼륨을 내는 위치 등을 만들어 나갑니다.

▷ ブロー 머리 손질하기 | 濡れた髪を乾かし、ストラクチュアカットの準備 젖은 머리카락을 건조한 뒤 스트럭쳐 컷을 준비합니다.

▷ ストラクチュアカット 스트럭쳐 컷 | 立体的な質感と柔らかさをつくりだします。 입체적인 질감과 부드러움을 만들어냅니다.

▷ お流し＆マッサージ 씻어내기와 마사지 | 日頃の疲れを丁寧にリフレッシュさせていただきます。 평소의 피로를 정성껏 리프레쉬해 드립니다.

▷ アイロンカール(スタイリング)と同時に、髪に潤いとツヤをプラス。 아이언컬(스타일링)과 동시에 모발에 습기와 광택을 더 합니다.

▷ お仕上げの説明 마무리 설명 | ご自宅でのスタイリングなどをアドバイス 자택에서 스타일링하는 법을 어드바이스해 드립니다.

□ HOT PEPPER BEAUTY

▷ 全国NO3 ヘアコレクション獲得スタイル 전국 No3 헤어컬렉션 획득 스타일

▷ 地域NO1 スタイルランキング 獲得スタイル 지역 No1 스타일 랭킹 획득 스타일

□ サロンデュアプレ相模原店 tel. 042-707-1760 살롱 듀아프레 사가미하라 점

▷ ご予約の際は「チラシ12-P」を見たとお電話ください! 전화로 예약을 하실 때 "전단지 12-P"를 봤다고 말씀해주세요.

▷ 予約優先 예약 우선

▷ 1分でかんたん WEB予約 1분 만에 인터넷으로 간단히 예약하실 수 있습니다.

□ サロンデュアプレスタッフ募集中! 살롱 듀아프레 직원 모집중!

▷ 完全週休2日制 완전 주휴 2일제

▷ スタイリスト月32万円以上 스타일리스트 월 32만 엔 이상

▷ 社会保険完備 사회보험 완비

▷ 交通費全額支給 교통비 전액 지급

□ 그 외 관련 단어

▷ 髪質 모발의 질 | 髪型 헤어스타일 | 質感 질감 | 肌質 피부의 질 | 肌環境 피부환경 | カラーリング剤 염색제 | 外国人風の透明感 외국인풍의 투명감 | ロング料金 긴 머리 요금 | 定休日 정규 휴일 | 年中無休 연중무휴 | キッズルーム要予約 어린이 룸 예약 필요 | 駐車場有 주차장 있음 | 車でお越しの

お客様 차로 오시는 고객님 | レディーススペース 여성 전용 공간 | メンズス

ペース 남성 전용 공간 | 共有スペース 공유 공간 | お子様連れのお客様 자

녀분 동반 고객분 | カップル 커플 | ご利用 이용(손님의 이용을 높여서 쓴 말) |

ご要望 요망(손님의 요망을 높여서 쓴 말) | アイラッシュの施術 속눈썹 시술 |

シャンプーブース 샴푸 부스 | ナチュラルなパーマ 내츄럴 파마 | カット

＋最高峰オージュアトリートメント 컷＋최고봉 오쥬아 트리트먼트 | ユニ

セックスサロン 유니섹스 살롱 | ルシードスタイル 루시드 스타일 | ご満足

손님의 만족을 높여서 쓴 말 | 女性の方 여성 분 | 男性の方 남성 분 | 担当ス

タイリスト 담당 스타일리스트 | 女性専用のメニュー 여성 전용 메뉴 | ご来

店 손님의 내점을 높여서 쓴 말 | サロン内 살롱 안 | 髪の毛 머리카락 | 関西

で大人気 간사이에서 대인기

□ 5 POLICY

▷ 気軽にできるカウンセリング 부담 없이 할 수 있는 카운슬링

▷ 貴重なお時間を大切にします。 손님의 귀중한 시간을 소중히 여겨드립니다.

▷ 安心の14日間技術保証制度 안심할 수 있는 14일간 기술보증제도

▷ こだわりは上質でキレイな髪 저희 가게에서는 고객님의 상질의 아름다운 머리카
    락 유지를 위해 최선을 다합니다.

▷ 笑顔あふれるスタッフ 미소가 넘치는 직원 일동 | ※LUCIDO STYLE by
    Hair Garden Resort 2019 tel.042-775-2322

※출처: 사론듀아브레상모원점(2019)

15. バイク保管

□ 保管_{ほかん} 보관 | 大事_{だいじ}なバイク、大切に保管しませんか。バイク専用 バイクBOX 소중한 바이크 소중히 보관하지 않겠습니까? 바이크 전용 바이크 박스

   ▷ オリコンランキングNo.1 ハローストレージ町田相模(バイクBOX) 오리콘 랭킹 No.1 헬로 스토레지 마치다 사가미(바이크 박스)

□ 駐車_{ちゅうしゃ} 주차 | 駐車サイズ BOXサイズ(内寸_{うちすん})(252cm×105cm) 주차 사이즈 박스 사이즈(안쪽 길이)

□ 24時間出し入れ自由 24시간 입출고 자유

   ▷ ヘルメットや小物_{こもの}が置ける便利な棚付_{たなつ}き! 헬멧과 소품을 둘 수 있는 편리한 선반이 딸려 있음!

□ 手数料_{てすうりょう} 수수료 | 今なら! 事務手数料無料キャンペーン!! 11,000円 月々 オリジナル南京錠_{なんきんじょう}プレゼント 지금 신청하시면! 사무 수수료 무료 캠페인!! 11,000엔 매달 오리지널 맹꽁이자물쇠 선물

   ▷ 12か月以上ご利用される方限定 12개월 이상 이용하시는 분 한정

   ▷ 詳しくはお問い合わせください。 더 궁금하신 것이 있으시면 문의 바랍니다.

□ 申込み新サービス開始 簡単申込可能_{かんたんもうしこみかのう} 신청 새 서비스 개시합니다. 간단히 신청하실 수 있습니다.

□ 営業時間_{えいぎょうじかん} 9:00~18:00 영업시간

※출처: エリアリンク株式会社(2018)

16. 빨래방

□ 洗濯代行 빨래 대행 | 洗濯代行/コインランドリーのWASH＆FOLD町田相原店がオープン!! 세탁 대행/코인 세탁의 WASH＆FOLD 마치다 아이하라 점 오픈했습니다!!

□ 洗濯代行[WASH＆FOLD]用ランドリーバッグに詰め放題(Tシャツ約60枚分)で定額制。ご自宅まで集荷・お届けにお伺いいたします。 전용 세탁백에 개수 제한 없이 넣어(티셔츠 약 60장분) 정액제. 자택까지 집하·배달해 드립니다.

□ コインランドリー 동전 세탁 最新のランドリー機器で普段の洗濯からスニーカー、大型の布団までお任せください。 최신 세탁기기로 평소의 세탁부터 운동화, 대형 이불까지 맡겨주십시오.

□ 受付 접수 | 洗濯代行＆クリーニング受付(第2・4水曜日定休) 8:00～21:00 세탁 대행＆드라이 크리닝 접수(둘째 넷째 수요일 휴일) コインランドリー(年中無休) 6:00～22:00 동전 세탁(연중무휴)

□ 2019.3.9. New Open SAT 10:00 町田相原店限定のオープニングキャンペーン 마치다 아이하라 점 한정 오픈 캠페인 コインランドリー 동전 빨래 洗濯 빨래 ￥100 洗濯機(1回) 세탁기(1회) ￥100 洗濯機(1回)￥300 빨래건조기 乾燥機(各分数ごとで) 건조기 ￥100

□ 入会 입회 | ご入会頂きました方 先着100名様に 専用ランドリーバッグ プレゼント! 입회해주신 분 선착순 100분에게 전용 세탁백을 선물로 드립니다!

□ WASH & FOLD ココがポイント! 여기가 포인트! SERVICE1 WASH & FOLD[洗濯代行]専用ランドリーバッグに詰め放題(Tシャツ約60枚分)で 定額制。 [세탁 대행] 전용 세탁백에 개수 제한 없이 넣어(티셔츠 약 60장분) 정액제

□ SERVICE2 クリーニング 集荷・配送価格 드라이 크리닝 집하・배송 가격

	Yシャツ 와이셔츠	ジャケット 자켓	オープンシャツ 오픈셔츠	スラックス 슬랙스	スーツ上下 양복 상하	セーター 스웨터
持ち込み 価格	¥250	¥720	¥460	¥540	¥1,120	¥540
集荷・ 配送価格	¥300	¥920	¥570	¥570	¥1,420	¥670

□ 普段 평소 | SERVICE3 セルフコインランドリー 셀프 동전 세탁 | 最新の ランドリー機器で普段の洗濯から、スニーカー、大型の布団までお任 せください。 최신 세탁기기로 평소의 세탁부터 운동화, 대형 이불까지 맡겨주세요. | ランドリー 세탁 | 洗濯 세탁 ¥600〜 | 乾燥 건조 6分/¥100〜 | 布 団類 이불류 | 洗濯 세탁 ¥600 | 乾燥6分/¥100 건조 | スニーカー 운동 화 | 洗濯 ¥200 | 乾燥 20分/¥100〜

□ 店舗へお持ち頂ければ、きれいに洗濯を仕上げてお渡しいたします。 점 포로 직접 가져오시면 깨끗하게 빨래를 마무리해서 건네 드립니다. 店舗でのお渡 し、当日仕上げも可能です。 점포로 가져오시면 당일 마무리도 가능합니다. | レギュラー 보통 ¥2,200 | スモール 스몰 ¥1500

□ オプションサービス 부가 서비스 集配サービス 집배 서비스 ¥800 色分け 選択 색깔별 구별 선택 ¥400/1個

※ 출처: WASH&FOLD 町田相原店(2019)

17. 법무사 사무소

□ 過払い 과잉지불 | 過払い金返還請求借金問題 ご相談ください。 과불금 반환청구 채무금 문제 상담하세요.

□ 請求 청구 | 任意整理・過払い金返済請求・自己破産・個人再生 임의정리・과불금 변제 청구・자기파산・개인재생

  ▷ ご相談無料 상담 무료 | 調査無料 조사 무료

  ▷ 初期費用無料 초기비용 무료 | 秘密厳守 비밀 엄수

  ▷ どんな借入原因でもご相談ください。 어떤 차입조건이라도 상담해주세요.

  ▷ 「すぎやま」はあなたの味方です。 "스기야마"는 당신의 편입니다.

□ 司法書士事務所 사법서사사무소

  ▷ ご相談専用フリーダイヤル 상담전용 무료 다이얼 0120-28-0499

  ▷ 電話受付時間 전화 접수 시간 9:00-19:00

  ▷ まずはお気軽にお問い合わせください。 우선은 부담 없이 문의해주십시오.

□ 返還 반환 | 借金を完済している方、借金を返済中の方の過払い金返還請求 3つの安心ポイント! 채무를 완납하신 분, 채무를 변제중이신 분의 과불금 반환 청구 3가지 안심 포인트! 借金を「減らす」、「無くす」過払い金を「取り戻す」 채무를 "줄인다" "없앤다" 과불금은 "되돌려 받는다"

▷ 安心1 過払い金の調査は無料 과불금 조사는 무료입니다.

▷ 安心2 過払い金が少額であっても、費用が上回ることはありませんのでご安心ください。 과불금이 소액이어도 비용이 상회하는 일은 없으므로 안심하셔도 됩니다.

▷ 安心3 借金を返し終わった金融業者_{きんゆうぎょうしゃ}に対しての過払い金返還請求は、ブラックリストに載りません。 채무금을 모두 상환한 금융업자에 대한 과불금 반환청구는 블랙리스트에 올라가지 않습니다.

□ 返済_{へんさい} | 借金_{しゃっきん}を返済中の方 채무를 변제중이신 분

▷ 安心1 長期にわたり借金を返済中の方は今の残額が減ったり、さらに過払い金が発生している可能性があります。 안심1 장기에 걸쳐 채무를 변제중이신 분은 현재 잔액이 줄거나 과불금이 발생하고 있을 가능성이 있습니다.

▷ 安心2 借金が残った場合も将来の利息をカットし、無理のない返済にできる可能性があります。 채무금이 남은 경우도 장래의 이자를 줄이고 무리가 가지 않도록 변제로 돌릴 수 있는 가능성이 있습니다.

▷ 安心3 手続き費用の分割払いも可能です。 수속비용의 분할 납입도 가능합니다.

□ 家族や職場にも秘密で手続き出来ます。まずは無料調査! 返済中の方も、調査だけならブラックリストにはのりません! 가족이나 직장 관계자들도 모르게 비밀리에 절차를 진행하실 수 있습니다. 우선은 무료조사부터 받아 보십시오! 변제 중이신 분도 조사만으로는 블랙리스트에 오르지 않습니다!

□ 業者_{ぎょうしゃ} | 資料・書類がなくても大丈夫! 業者名さえわかれば調査可能! ダメもとでも構いません! まずはご相談ください。 자료・서류가 없어도 괜찮습니다! 업자명만 알면 조사가 가능합니다! 해보고 안 되더라도 상관이 없습니다. 우선 상담부터 받아보십시오.

□ 그 외 관련 단어

▷ 少額 소액 | 報酬 보수 | 赤字 적자 | 着手前 착수 전 | 着手後 착수 후 | 時効消滅 시효소멸 | 手続き費用 수속 비용 | 金利 금리 | 返済額 변제액 | 総債務額 총채무액 | 元金 원금 | 分割返済 분할 변제 | 債務整理 채무 정리 | 保証人 보증인 | 名義 명의 | 借金の明細 채무금 명세 | 代理人 대리인 | 面倒な手続き 번거로운 수속 | 内緒 비밀 | 再計算 재계산

※ 출처: すぎやま司法書士事務所(2018)

18. 사진관

□ 撮影 | 入園・入学 スタジオマリオ入園・入学撮影キャンペーン 유치원
입학·입학 스튜디오 마리오 유치원 입학·입학 촬영 캠페인

□ 撮影料 촬영료 |撮影料3,000円が無料衣装・着付け・ヘアメイク・持込料金・
ご兄弟分衣装すべて込み 촬영료 3,000 엔이 무료 의상·옷치장·헤어 메이크업·
지참요금·형제 의상 모두 포함

□ クリスタルフレームプレゼント 5種類のデザインから選べます。 크리스탈
프레임 선물. 5종류의 디자인부터 선택하실 수 있습니다.

□ 購入 구입 | キタムラコラボプリントプレゼント 撮影当日 お近くのカメ
ラのキタムラでご購入いただいたお写真が受け取れます! 기타무라 코라보
프린트 선물– 촬영 당일 근처 카메라 기타무라에서 구입하신 사진을 수령하실 수 있습니다.

□ 買い上げる 구매하다 | フレーム付きカレンダー 10,000円以上のお買い
上げの方にプレゼント 프레임 포함 달력 10,000 엔 이상 구입하신 분에게 선물을
드립니다. プレゼントのお写真はご購入された中からお好きなものをお選び
ください。 선물 사진은 구입하신 것 중에서 마음에 드시는 것을 선택해주십시오.

□ 写真集 사진집 | マイピクチャーコレクション 마이픽처 컬렉션 | 写真集が
期間限定割引 マイピクチャーコレクション 37,900円が2冊目半額 사진

집이 기한 한정 할인 마이픽쳐 컬렉션 37,000 엔이 2권 째부터 반액으로 할인.

- [ ] 本日 당일 | 本日からご予約できます。今すぐ「予約したいんです」と お電話ください!! 당일부터 예약하실 수 있습니다. 지금 바로 "예약하고 싶어요."라고 전화로 연락주세요! スマト・パソコンでも予約できます!! 스마트폰이나 컴퓨터 로도 예약하실 수 있습니다.

- [ ] 入学式当日や土日はすぐに予約がいっぱいになります。입학식 당일이나 토 요일은 예약이 많사오니 가급적 평일에 예약을 부탁드립니다.

- [ ] 動画 동영상 | 撮影本日からご予約できます。動画撮影はOKです 촬영 당일부터 예약하실 수 있습니다. 동영상 촬영은 가능합니다.

- [ ] 何ポーズでもお撮りします 어떤 포즈라도 관계없이 촬영해드립니다.

- [ ] 無料 | 着付・ヘアメイク もちろん無料です! 치장・헤어 메이크업 물론 무료 입니다!

- [ ] 着替え 갈아입기, 골라입기 | 衣装選び 店内いっぱい! お着替え自由 의상 고르기 점내에 많이 준비되어 있습니다. 다른 옷도 자유로이 골라 입으실 수 있습니다.

- [ ] 写真選び 사진 선택 | 撮った写真はその場でチェック 촬영한 사진은 그 자리 에서 바로 확인이 가능합니다.

- [ ] 料金システム 요금 시스템 | 撮影基本料金＋お写真代 촬영 기본요금 + 사 진 요금

- [ ] 授乳スペース・ベビーベッドあります 수유 공간・베이비 침대 마련되어 있습니 다.

- [ ] LINE公式アカウントはじめました! 라인 공식 어카운트 시작했습니다.

※ 출처: スタジオマリオ(2019)

☐ 七五三 撮影着替え放題キャンペーン中 시치고산 촬영 의상 무제한 입기 캠페인 중 | 衣装に合わせた6つのスタイリングで撮影できます。 의상에 맞춘 6개의 스타일링으로 촬영이 가능합니다.

▷ スウィート 스위트

▷ シンプル 심플

▷ ナチュラル 내츄럴

▷ ジャパニーズトラディショナル 일본 전통의상

▷ ジャパニーズモダン 일본 현대의상

▷ トラディショナル 전통의상

☐ ご兄弟も全員着替え放題! 형제분도 전원 의상 무제한 갈아입기 가능합니다!

▷ もちろんご兄弟・姉妹分の衣装ヘアメイク・撮影料 無料! 물론 형제·자매분의 의상 헤어 메이크업·촬영료 무료입니다!

▷ ご兄弟なら何名で撮影しても追加料金は0円! 형제분이라면 몇 명이 촬영해도 추가요금은 0원입니다!

▷ ご兄弟・姉妹でのお1人撮影もできます。 형제 자매분 중에서 한 사람도 촬영이 가능합니다.

▷ さらに!!千歳飴・くしブラシプレゼント!七五三Web写真展も開催中 또 있습니다! 치토세사탕, 빗 브러쉬 선물! 시치고상 웹 사진전도 개최중입니다.

☐ たくさん撮影しても安心! 많이 촬영해도 요금 걱정 안 하셔도 됩니다!

▷ 業界最安値!!データ購入がお買得! 업계 최고 싼 가격!! 데이터 구입이 매우 이득

▷ 撮影後2週間でお買い上げいただいたデータがお手元に! 촬영 후 2주일 후 구입해주신 데이터를 보내 드립니다!

▷ 撮影枚数に関わらず5,000円(税込5,400円)でお買得! 촬영 매수에 관계없이 5,000 엔(세금포함 5,400 엔)으로 이득을 보실 수 있습니다.

□ 9/30までに七五三撮影されるとお得な特典がいっぱい! 9월 30일까지 시치고 상 촬영하시면 특전이 아주 많습니다.

▷ 人気のお日にちはすぐいっぱいになります! ご予約お急ぎください! 인기 있는 날짜는 금방 예약이 찹니다. 예약을 서둘러 주십시오.

▷ 新登場!ウッドフォトスタンド! 새로운 등장! 나무 사진액자

▷ その日にもらえる!コラージュプリントプレゼント! 바로 그날 받을 수 있다! 콜라쥬 프린트 선물!

▷ 間もなく終了!お急ぎください!お参り着物レンタル早期成約特典 근일 종료! 서둘러주십시오! 참배용 기모노 렌탈 조기 예약 성립 특전

▷ 早期予約でレンタル料金最大80%OFF! 조기예약으로 렌탈요금 최대 80% 할인!

▷ 3枚もらえるのでプレゼントにピッタリ! 撮ったその日に持って帰れる! 3매를 받을 수 있으므로 선물로 제격! 촬영한 당일에 가지고 갈 수 있다.

※출처: スタジオマリオ(2018) 七五三

□ 大人気フォトプレゼント 대인기 사진 선물

▷ いつでも一緒 キーホルダー 언제라도 함께하는 키홀더

▷ お持ちのアルバムに追加 手札プリント 가지고 계신 앨범에 추가 카드 프린트

▷ コンパクトなキャビネプリント額 콤팩트한 카비네 프린트 액자

▷ 永遠の定番 영원한 기본정석 상품 | 四つ切りプリント額 4절지 프린트 액자

▷ 油絵調に仕上がるキャンバスプリント 유화느낌으로 마무리되는 캠버스프린트

▷ 光を当てると輝くクリスタルキューブ 빛을 쪼이면 빛나는 크리스탈 큐브

▷ 国産高品質アクリル使用　クリスタルプレート 국산 고품질 아크릴 사용 크리스털 건판

▷ その日もらえるコラージュプリント　プレゼント! 당일 받을 수 있는 콜라쥬 프린트를 선물로 드립니다!

▷ データで残すと安心! データ購入がお買得! 데이터로 남기면 안심! 데이터 구입이 매우 득템!

▷ 早期予約が断然おすすめ! お参り着物レンタルが80%OFF! さらにTポイント10倍 조기예약을 단연 추천! 참배용 기모노 렌탈 80% 할인! 또 T포인트가 10배

▷ 衣装を着てみんなで撮影! ご兄弟・姉妹撮影 無料! 의상을 입고 모두 촬영! 형제분 자매분 촬영 무료!

▷ ご兄弟なら何名で撮影しても追加料金は0円 형제분이라면 몇 명을 촬영해도 추가 요금은 0원입니다.

▷ 当然ご兄弟も全員着替え放題! 당연히 형제분도 전원 마음에 드는 의상을 마음껏 갈아입을 수 있습니다.

□ ご予約は簡単 今すぐ「予約したいんです」とお電話ください! 간단히 예약하실 수 있습니다. 지금 바로 "예약하고 싶어요."라고 연락 주세요.

※ 출처: スタジオ マリオ(2018)

□ 관련 어휘

▷ モデルオーディション 모델 오디션 ┃ 卒業・入園入学フェア 졸업·유치원

入学 페어 | 参加費無料 참가자 무료 | 多ポーズ撮影 다양한 포즈 촬영 | お写真代別途 사진요금 별도 | ママコース 엄마 코스 | お着物 기모노 | ヘアーセット 헤어세트 | メイク 화장 | 着付け 옷치장 | キャビネ額付き焼き増し写真 카비네 액자가 딸린 인화 사진 | 七五三早撮りフェア 시치고산 조기 촬영 페어 | フェア割引 페어 할인 | ママ・パパコース 엄마·아빠 코스 | ドレス、タキシード 드레스, 턱시도 | ブランド衣装 브랜드 의상 | 千年飴プレゼント 치토세사탕 선물 | ご兄弟割引 형제분 할인 | ケータイ画像送信 핸드폰 화상 송신 | 人気のデザイン写真集 인기 디자인 사진집 | モデルオーディション 모델 오디션 | 開催期間 개최기간 | ガールズモデル 걸즈 모델 | ディズニーランドチケット 디즈니랜드 티켓 | マタニティモデル 만삭 모델 | キッズモデル 꼬마 모델 | ベビーモデル 베이비 모델 | 成人式 성인식 | 成人式当日のお支度ができます 성인식 당일 촬영 준비 가능합니다 | 卒業袴 졸업식 당일 입는 하카마 | 小学袴レンタル 초등학교 졸업식 당일에 입는 하카마 | 好評ご予約受付中 호평 예약 접수중 | スタジオパック 스튜디오 팩 | 小学袴レンタルバッグ 초등학교 졸업식 당일에 입는 하카마 렌탈 백 | 特選振袖展示会 특선 후리소데 전시회 | お買い求め写真データ 구입 사진 데이터 | ヘアーセット＆着付け 헤어세트＆의상 치장 | テーマパークチケットプレゼント 테마 파크 티켓 선물 | ジュエリーネックレスプレゼント 보석 목걸이 선물 | ネイルチッププレゼント 네일칩 선물 | スタジオパック 스튜디오 팩 | 振袖フルセットレンタルパック 후리소데 풀 세트 렌탈 팩 | 成人式当日撮影コース 성인식 당일 촬영 코스 | 振袖お持ち込み前撮りパック 후리소데 반입 전 촬영 팩 | メンズ羽織・袴レンタル

パック 男性 하오리・하카마 렌탈 팩 | 洋装コース 양장 코스 | 和装コース

일본전통 의상 코스 | 和洋装コース 전통의상・양장 코스

19. 생명보험

□ 割戻金 할여금 | 割戻金でさらに家計の負担を軽減! 할여금으로 다시 가계 부담을 경감!

　▷ 掛金負担を軽くする!! 全国共済の割戻金 부금 부담을 가볍게 한다!! 전국 공제 할여금

　▷ 余剰金はご加入者へ割戻します。 잉여금은 가입자분에게 다시 돌려드립니다.

　▷ 全国共済は非営利主義・人道主義を事業哲学としています。 전국공제는 "비영리주의・인도주의"를 사업철학으로 삼고 있습니다.

□ 実績 실적 | 全国共済 전국공제 | 割戻率実績(平成28年度) 할여금 실적 (2016년도)

　▷ こども型 어린이형 20.44% | 月掛金 월 보험금 1,000円 | 割戻金は2,452円 할여금은 2,452 엔

　▷ 綜合保障型 종합보장형 | 入院保障型 입원보장형 33.39%

　▷ 熟年型 중년형 | 熟年入院型 중년 입원형 28.92%

　▷ 新型火災共済 신형화재공제 30.34%

□ 保障 보장 | より手厚い保障を備えたい方におススメ! 보다 두터운 보장을 받고자 하시는 분에 추천 드립니다!

▷ 綜合保障型 종합보장형 ｜ 入院保障型 입원보장형 ｜ 月掛金 월 보험료 4,000円

▷ 病気入院1日当たり 질병입원 1일당 14,500円

▷ 事故入院1日当たり 사고입원 1일당 15,000円

▷ 当組合の定める手術 당 조합이 정하는 수술 10万円

▷ 死亡保障 사망보장 交通事故の場合 교통사고인 경우 1,010万円

□ 健康 건강 ｜ お申し込みは満18歳～満64歳の健康な方 신청은 만 18세부터 만 64세의 건강하신 분

□ 加入コース 가입 코스

▷ 入院 입원 ｜ 通院 통원 ｜ 先進医療 선진 의료
▷ 交通事故 교통사고 ｜ 不慮の事故 불의의 사고

□ 全国共済 전국공제 ｜ 神奈川県生活協同組合 가나가와 현 생활협동조합 ｜

お問い合わせはこちらまで 0120-044-123 문의는 이쪽으로

▷ おかけ間違いのないよう、電話番号をもう一度お確かめください。
잘못 거시지 않도록 전화번호를 다시 한 번 확인해 주십시오.

□ 関連 어휘

▷ 払込 불입 ｜ 保障額 보장액 ｜ 病気入院 질병 입원 ｜ 事故入院 사고 입원
｜ 死亡保障 사망보장 ｜ 通勤 통근 ｜ 通学 통학 ｜ 個賠 개인배상 ｜
手術保険金額 수술보험금액 ｜ 通院保険金日額 통원보험금 1일 금액 ｜ 死亡
사망 ｜ 後遺障害保険金 후유장애보험금 ｜ 弁護士費用 변호사 비용
▷ 法律相談費用 법률상담 비용 ｜ 入院保険金 입원 보험금 ｜ 手術保険金 수
술 보험금 ｜ 通院保険金 통원 보험금 ｜ 約款 약관 ｜ 支払対象期間 지불 대

상 기간 | 往診(おうしん) 왕진 | 自転車事故(じてんしゃじこ) 자전거 사고 | 本人型(ほんにんがた) 본인형 | 夫婦型(ふうふがた)

부부형 | 家族型(かぞくがた) 가족형 | 本人(ほんにん) 본인 | 配偶者(はいぐうしゃ) 배우자 | 親族(しんぞく) 친족

▷ 一時払(いちじばらい) 일시불 | 12回払(じゅうにかいばらい) 12회 분납 | タフ・ケガ 중상 | 割合(わりあい) 비율 |

自転車乗用中(じてんしゃじょうようちゅう) 자전거 탑승중 | 自動車乗用中(じどうしゃじょうようちゅう) 자동차 운전중 | 死傷者(ししょうしゃ) 사상

자 | 歩行中(ほこうちゅう) 보행중 | 原付乗用中(げんつきじょうようちゅう) 바이크 운전중 | 自動二輪車 자동 2륜차

(오토바이) | 未成年者(みせいねんしゃ) | 高齢者(こうれいしゃ) 고령자

▷ 賠償事故(ばいしょうじこ) 배상사고 | 路肩(ろけん) 갓길 | 腰椎(ようつい) 요추(척추를 구성하는 등골뼈 중의 하나)

| 転倒(てんとう) 전도(넘어짐) | 骨折(こっせつ) 골절 | 後遺障害等級(こういしょうがいとうきゅう) 후유장애 등급 | 衝突(しょうとつ) 충

돌 | 歩道(ほどう) 보행로 | 車道(しゃどう) 차도 | 正面衝突(しょうめんしょうとつ) 정면충돌 | 補償(ほしょう) 보상 |

普通傷害型(ふつうしょうがいがた) 보통상해형 | 頭蓋骨(ずがいこつ) 두개골

※ 출처: 全国共済 神奈川県生活共同組合(2019)

20. 생활협동조합 - 냉동식품

□ 冷凍食品 | 便利な冷凍も安心＆おいしい！パルシステムの冷凍食品 편리한 냉동도 안심하고 맛있게 먹을 수 있다! 파르시스템의 냉동식품

□ 化学調味料 | 化学調味料は使わず、シンプルな調味料での味付けだから体にやさしい！ 화학조미료는 사용하지 않고 심플한 조미료로 맛을 낸 것이어서 몸에 해롭지 않아요!

□ 産直産地 | 原料は産直産地の野菜やお肉を中心にしているので子供にも安心！ 원료는 산지직송 야채와 고기를 중심으로 한 것이므로 아이들에게도 안심하고 먹일 수 있어요.

□ 商品 | 原料や製造の裏側をきちんと語れる商品づくりをしているから安心ね！ 원료와 제조 배경을 투명하게 알 수 있게끔 상품을 만들기 때문에 안심할 수 있어요!

□ までっこ鶏チキンナゲット 마뎃코 치킨 너겟

▷ カリッと薄い衣が、鶏肉うまみたっぷりの自信の表れです。 바스락거리는 얇은 내피가 닭고기의 맛깔스런 맛을 내는 자신감입니다.

□ 産直バジルのジェノベーゼソース 산지직송 바질의 제노베세 소스

▷ 朝に手摘みしたバジルをすぐに加工。色も香りもフレッシュなソースです。 아침에 손으로 딴 바질을 바로 가공한 것입니다. 색도 향도 신선한 소스입니다.

□ 餃子 만두

 ⮞ もちっとした厚めの皮に、国産野菜＆産直豚肉の具がだっぷり! 쫀득한
 느낌의 두툼한 만두피에 국산 야채&산지 직송 돼지고기 건더기가 가득!

□ 5種の国産お野菜ハンバーグ 5종의 국산 야채 햄버그

 ⮞ 野菜もしっかりとれる! 小さな子供の食べきりサイズのハンバーグ 야채
 도 제대로 섭취할 수 있다! 어린아이도 다 먹을 수 있는 사이즈의 햄버그

□ 産直じゃがいものハッシュドポテト 산지 직송 감자로 만든 해시드 감자

 ⮞ 朝食のパンに添えたい、ホクホクのハッシュドポテト。 아침 빵에 곁들여
 먹고 싶은 따끈따끈한 해시드 감자

□ 大きい焼売 큰 슈마이

 ⮞ 産直豚肉のうまみがしっかり。ボリュームもおいしさも大満足です。
 산지직송 돼지고기의 훌륭한 맛을 제대로 느낄 수 있습니다. 볼륨도 맛도 대만족입니다.

□ こんせんくんポテト 곤센쿤(캐릭터명) 포테이토

 ⮞ 原料のじゃがいもは、甘みが強い「北海こがね」を使用。 원료로 쓰는
 감자는 단맛이 강한 "홋카이 코가네(감자명)"를 사용합니다.

□ 唐揚 ｜ までっこ鶏お弁当唐揚 마뎃코 치킨 도시락 튀김

 ⮞ 健康に育てた産直鶏の皮なしムネ肉を使用しています。 건강하게 키운 산
 지 직송 닭가슴 살을 사용하고 있습니다.

□ 離乳食 ｜ 離乳食作りだってラクラク! 이유식도 쉽게 만들 수 있습니다. うら
ごし野菜シリーズ 으깬 야채 시리즈

 ⮞ うらごしにんじん 으깬 당근

 ⮞ うらごしじゃがいも 으깬 감자

 ⮞ うらごしかぼちゃ 으깬 호박

☐ この春パルってみませんか! 이번 봄 파르시스템 경험해 보시지 않겠습니까?

▷ 今なら資料請求するとポテトチップス(しお)プレゼント! 2018年5月31

日(木)まで 지금 자료 청구하면 포테토 칩(소금) 선물! 2018년 5월 31일(목)까지

▷ Palなら産直時短 Pal이라면 산지직송 시간단축

※ 출처: 生活協同組合パルシステム神奈川ゆめコープ(2018)

21. 생활협동조합 - 식료품

□ 数量限定 수량 한정 | 今だけ無料選べるプレゼントキャンペーン 数量限定3月31日まで(試供品) 이번만 무료로 선택할 수 있는 선물 캠페인 수량 한정 3월 31일까지(시공품)

□ 脂 지방 | Aセット-口に広がる脂が甘い! 肉の旨さを感じるセット A세트 – 입 속에 퍼지는 기름기가 달콤하다! 고기 맛을 느끼는 A세트

□ 食卓 식탁 | Bセット- あっという間にもう1品! 食卓。 お弁当にもう1品 セット B세트– 순식간에 하나 더! 식탁. 도시락에 또 1품 세트

□ Cセット- 子どもに安心とおいしさを! 子どもスクスクセット C세트– 어린 이에게 안심하고 맛있는 것을! 어린이 쑥쑥 세트

□ 豚肉 돈육 | 安全とより良い肉質のために飼料にまでこだわった「平田牧場」の豚肉と、 その豚肉を原料としたウインナーのセット 안전과 보다 좋은 육질을 위하여 사료까지 신경 쓴 히라타 목장의 돈육과 그 돈육을 원료로 한 비엔나 세트

□ 常備食 상비식 | シンプルな味わいの常備食として、 生活クラブで大人気の「餃子」と「チキンナゲット」のセット。 あっという間に食卓やお弁当を彩る一品に。 심플한 맛의 상비식으로서 생활클럽에서 대인기인 만두와 치

킨 너겟 세트. 눈 깜짝할 사이에 식탁과 도시락을 수놓는 일품으로...

☐ 牧場 목장 ｜ 平田牧場の豚肉を使った餃子(10個)(冷凍) 히라타 목장의 돈육을 사용한 만두(10개)(냉동)

☐ 国産 국산 ｜ 国産100％のチキンナゲット(200g)(冷凍) 국산 100% 치킨 나겟(200g)(냉동)

☐ 原材料 원재료 ｜ 原材料に7大アレルゲンを使用せず、国産野菜の甘みが溶け込んだカレーと酸化防止剤不使用で安心のりんごジュースがセットに。子育て世代を応援する生活クラブならではのセットです。 원재료에 7대 아레르겐을 사용하지 않으며, 또 국산 야채의 단 맛이 녹아 든 카레와 산화방지제를 사용하지 않아 안심할 수 있는 사과쥬스가 세트로 제공됩니다. 육아세대를 응원하는 생활클럽만이 해낼 수 있는 세트입니다.

☐ 子どもカレー りんごジュース缶 어린이 카레 사과쥬스캔

☐ 無添加・国産・減農薬・遺伝子組み替え不使用-子どもが安心して食べられる食材をお届けする生協。それが生活クラブです。 무첨가・국산・저농약・유전자 변형 미사용- 어린이가 안심하고 먹을 수 있는 식재를 전해 드리는 생활협동조합. 그것이 생활클럽입니다.

☐ サポート 서포트 ｜ ママ達の忙しい毎日をサポートします。 엄마들의 바쁜 매일을 서포트합니다.

☐ 個別配送 개별배송 ｜ 重いもの、かさばるものもご自宅までお届け。お一人でもお気軽にお申し込みください。 무거운 것, 부피가 큰 것도 자택까지 배달해드립니다. 혼자라도 부담 없이 신청해주십시오.

☐ 利用者 이용자 ｜ ご利用者の声 이용자분의 목소리

□ 班配送 반 배송 | グループでのご利用なら、割引があっておトクです♪
단체 이용을 하신다면 할인이 되어 이득입니다.

□ デポー(店舗 점포) 東京・神奈川・千葉にお店があります。直接手に
とって確かめながらお買いものできます♪ 도쿄・가나가와・치바에 가게가 있
습니다. 직접 손으로 확인하면서 쇼핑이 가능합니다.

□ インターネットで注文できる! パソコン・スマホでラクラクご注文! 인터넷
으로 주문할 수 있다! 퍼스널 컴퓨터・스마트폰으로 손쉽게 주문하실 수 있습니다.

　▷ 安全 안전 | 安心 안심 | 新鮮 신선 | おいしさ 맛이 있음 | 良質 양질 |
　　厳選 엄선

　▷ 暮らしサポート 생활 서포터 | サステイナブルなひと、生活クラブ 지속가
　　능한 사람, 생활클럽

□ 生活クラブ生協 생활클럽 생활협동조합 | 生活クラブ生協は、子どもに選
んであげたい安全で安心な食材をお届けします。 생활클럽 생활협동조합은 자
녀에게 골라 주고 싶은 안전하고 안심할 수 있는 식재를 제공해드립니다.

□ 主原料はもちろん、微量な原料まで国産にこだわります。 주원료는 물론,
미량의 원료까지 국산만을 고집합니다.

□ 添加物対策 | 食品添加物は国が使用を認めている品目の約10分の1。
첨가물 대책 | 식품첨가물은 나라가 사용을 인정하는 품목의 약 10분의 1

□ 減農薬 저농약 | 農薬や化学肥料はできるだけ使いません。 농약과 화학비
료는 가능한 한 사용하지 않습니다.

□ 遺伝子 유전자 | 遺伝子組み替え不使用約86%が対策済。微量の原料も
含め情報公開しています。 유전자 조작 미사용 약 86%가 대책을 완료함. 미량의

원료도 포함하여 정보를 공개하고 있습니다.

□ 加工食品 _{かこうしょくひん} 가공식품 | 原材料表示・アレルゲン対策- カタログでは加工食品の原材料をすべて公開しています。 원재료 표시·아레르겐 대책- 카타로그에서는 가공식품의 주재료를 모두 공개하고 있습니다. | またアレルゲン情報はカタログに8物質-Web上で28物質を表記しています。 또 알레르겐 정보는 카탈로그에 8가지 물질- 인터넷 상에서 28가지 물질을 표기하고 있습니다.

□ 放射能対策 _{ほうしゃのうたいさく} 방사능대책 | 厳しい自主基準と徹底した検査。 国の基準よりもはるかに厳しい自主基準としています。 乳児用食品は不検出。 基準を超える食材は扱いません。 엄격한 자주 기준과 철저한 검사. 국가 기준보다 훨씬 엄격한 자체 기준으로 방사능대책에 임하고 있습니다. 유아용 식품은 불검출. 기준을 넘는 식재는 취급하지 않습니다.

□ エネルギー 에너지 | 自然エネルギーを中心に、 電気の共同購入をしています。 風力発電の建設など、 エネルギーを私たち自身でまかなう活動を進めています。 자연에너지를 중심으로 전기를 공동으로 구입하고 있습니다. 풍력발전의 건설 등, 에너지를 우리들이 직접 마련하는 활동을 펼쳐가고 있습니다.

※출처: さがみ生活クラブ生活協同組合(2019)

□ 新規加入者限定キャンペーン!! _{しんきかにゅうしゃげんてい} 신규 가입자 한정 캠페인!!
□ ちゃんと実感してほしいなら!! _{じっかん} 제대로 실감해줬으면 하고 바란다면!!
　　▷ Pal★System パルシステム神奈川ゆめコープ _{かながわ} 팔 시스템 가나가와 꿈 협동조합
　　▷ パルシステムこだわりのオリジナル商品(試供品) 팔 시스템이 고집하는 오리지널 상품(시공품)

□ よりすぐり 엄선 | 商品を週がわりでお届けします! 매주 다른 상품을 전해 드립니다! | ※プレゼントには条件があります。詳しくは中面をご確認ください! 선물에는 조건이 있습니다. 상세한 내용은 중간 부분을 확인해주세요.

▷ りんごジャム 사과잼 | スパゲッティ 스파게티 | 花見糖 하나미당 | 菜種油 유채씨기름 | 使えるカレー 쓸 수 있는 카레 | 中辛 フレークタイプ 중간 매운 맛 후레이크 타입

▷ 素材が生きる白だし 소재가 살아 있는 시라다시

□ パルシステムこだわりのオリジナル商品のこと、くわしくお話しします! 팔 시스템이 고집하는 오리지널 상품, 상세하게 말씀해 드립니다!

□ 新規ご加入された方に 신규가입하신 분에게 | 2018年2月28日(水)まで

□ パルシステムのご利用代金から2,000円分(税込)お値引します! 팔 시스템의 이용 대금부터 2천 엔 분(세금포함) 할인합니다.

□ お申込み、資料請求、お問い合わせは 신청, 자료 청구, 문의는

▷ 郵便で右記のハガキに必要事項をご記入の上、ポストに投函してください。우편으로 오른쪽의 엽서에 필요사항을 기입하신 뒤 우편함에 투함해 주세요.

▷ お電話で 전화로 ☎0120-581-393

▷ FAXで 팩스로 045-470-4171

▷ スマホで 스마트폰으로 | 携帯電話でらくらくアクセス 핸드폰으로 쉽게 악세스

□ 手数料について 수수료에 대해 | 1回200円(税込216円) 1회 200 엔(세금포함 216 엔)

▷ 手数料が割引になる特典も充実! 수수료가 할인이 되는 특전도 충실!

▷ ご妊娠中から、未就学児のいるご家庭にベイビー&キッズ特典 임신중

부터 미취학아가 있는 가정에 베이비&키즈 특전

▷ 70歳以上の方にシルバー特典 70세 이상의 분에게 실버 특전

▷ ハンズ特典 한즈 특선

☐ ご加入時に1,000円の出資金をお預かりします。 가입 시 출자금 천 엔을 내
셔야 합니다.

☐ 口座振替 | ご利用代金は、1ケ月分まとめて口座振替(自動引き落とし)
またはクレジットカードでのお支払いが便利です。詳しくはお問い合わ
せください。 이용 대금은 1개월분 모아서 계좌이체 또는 신용카드로 지불하시면 편
리합니다. 자세한 사항은 문의해 주세요.

☐ 관련 단어

▷ 新鮮 신선 | 生活協同組合 생활협동조합. 일반적으로 生協로 줄여 말함 | のび
のび育つ 쑥쑥 자라다 | 甘い 달다. 달콤하다 | 食卓 식탁 | お弁当 도시락 |
注文 주문 | 原材料 원재료 | 子どもおやつセット 어린이 간식세트 |
着色料不使用 착색료 사용하지 않음 | 良質 양질 | レモンラムネ菓子 레몬
라무네 과자 | 山形産のリンゴ 야마가타 산 사과 | リンゴジュース缶 사과쥬
ス 캔 | 材料 재료 | 動物ビスケット 동물 비스킷(동물 모양의 비스킷) |
保存料 보존료(변질이나 부패를 막기 위한 식품 첨가물의 한 종류) | 発色剤 발색
제(식품 첨가물의 하나) | ポークウインナー 돼지고기 비엔나 | 豚肉ロースス
ライス 돈육 로스슬라이스 | 贈りもの 선물

※ 출처: 生活協同組合 パルシステム 神奈川ゆめコープ(2018)

22. 수도배관공사

□ 水道の救急車 수도 구급차

□ 失敗しない水道工事店の選び方 실패하지 않는 수도공사점 고르는 법

▷ 街には水道工事店と言っても多種多様なものがあるだけに、一般的に
どの店を選べば良いのか解らないと思います。「これはっ!!と思ったら
業者に水道局の指定番号(給水・下水道)をたずねてはいかがでしょう
か…?」 동네에는 수도공사점이라고 해도 다종다양한 것이 있는 만큼 일반적으로 어느
가게를 고르면 좋을지 모를 경우가 많습니다. "이곳은 어떨까라고 생각하신다면 업자에
게 수도국 지정번호(급수・하수도)를 물어보면 어떨까요?"

□ 名乗る 이름을 대다 │ 水道局指定工事店を名乗って登録番号の記載がな
い業者にご用心!! 수도국 지정 공사점을 입에 올리며 등록번호 기재가 없는 업자를
조심하십시오.

▷ 当社の考え方は、コンセプトをはっきりさせ、道路から引き込む「水
道メーターバルブ」より内側の領域をメインとした給排水に関わる
修理・工事・改善作業を行っております。 당사의 사고방식은 컨셉을 분명
히 하며, 도로에서 끌어오는 수도 미터밸브에서 안쪽 영역을 메인으로 한 급수 및 배수
에 관련된 수리・공사・개선작업을 행하고 있습니다.

☐ トイレのトラブル 화장실 트러블

  ▷ トイレのつまり 화장실 막힘 ￥6,000〜

  ▷ トイレ取りはずし修理 화장실 해체 수리 ￥10,000〜

  ▷ トイレタンク故障 화장실 물탱크 고장 ￥7,400＋材料費 재료비

  ▷ ウォッシュレット取り付け交換 비데 설치 및 교환 ￥7,400＋材料費 ★
  トイレのチョロチョロ音ってびっくりするほど水道料金に加算する
  場合があるんですよ!! 화장실에서 졸졸 흐르는 물이 깜짝 놀랄 정도로 수도요금에
  가산되는 경우가 있어요!!

  ▷ パイプのつまり ￥7,400〜 파이프 막힘 ★においが気になるようになった
  らつまりのサインです。 냄새가 신경 쓰이기 시작했다면 그것은 파이프가 막혔다
  는 신호입니다.

☐ 蛇口 수도꼭지 | 蛇口のトラブル 수도꼭지 트러블

  ▷ 蛇口交換 수도꼭지 교환 ￥7,400＋材料費

▷ 蛇口の水漏れ(パッキン交換1カ所 ￥3,000) ￥3,000〜 수도꼭지 물이 샘(패
킹 교환 1군데 3,000 엔) ★はやめはやめのパッキン交換で蛇口寿命UP!! 하루
라도 조속한 패킹 교환으로 수도꼭지 수명 UP!!

☐ 屋内・屋外排水つまりなどの高圧洗浄もいたします。 옥내·옥외 배수 막힘
등의 고압 세정도 해드립니다.

※ 출처: KYK株式会社(2018)

23. 스테이크 전문집

□ 4/2(月) LUNCH START 橋本駅より7分 런치 스타트 하시모토 역에서 7분

□ 4/2(月)·3(火) ランチデザートサービス 런치 디저트 서비스

 ▷ ハンバーグ 햄버그 ｜ ローストビーフ 로스트비프 ｜ ステーキ丼 스테이크돈

 ▷ サラダプレート 샐러드 플레이트

□ Mon-Saint LUNCH ￥800～

 ▷ こんにちは! 東橋本2丁目の焼肉バレ「サンモン」です。4月2日よりラン チ営業を再開します!! お肉屋さんならではのボリュームメニューはもち ろん、ヘルシーランチ、絶品スイーツをご用意し、皆様のご来店をお待 ちしています。おしゃれな空間でごゆっくりお過ごしください。 안녕하 세요! 히가시하시모토 2번지 야키니쿠 바레 "삼몬"입니다. 4월 2일부터 점심 영업을 재개 합니다!! 고기집만이 할 수 있는 볼륨 메뉴는 물론, 건강 런치, 절품 스위츠를 준비하여 여러분의 내점을 기다리고 있겠습니다. 멋진 공간에서 유유자적한 시간을 보내세요.

 ▷ 橋本駅から徒歩7分ミニストップさん裏 하시모토 역에서 도보 7분 미니스톱상 뒤편

□ 焼肉バル 야키니쿠 바루 Mon-Saint TEL 042-772-5210 焼肉モンサン 야키 니쿠 몬상

※ 출처: 焼肉バル Mon-Saint(2019)

24. 스포츠 마사지, 재활치료, 전기치료, 침, 부항

☐ 頭痛のあなたへ 두통을 앓고 계신 당신에게 | 目がスッキリする! 頭痛が消えてしまう! "日だまりショット"を受けてみませんか? 눈이 청명해진다! 두통이 사라져 버린다! 히다마리숏(손만으로 두통을 치료하는 수기요법)을 받아보지 않겠습니까?

☐ 下記の当てはまるものにチェックをしてみてね 아래에 해당되는 것에 체크해 주세요.

  ▷ ロキソニンやイブを飲んでいる 록소닌과 이브를 마시고 있다.

  ▷ ズキズキガンガン頭が痛い 머리가 지끈지끈 아프다.

  ▷ 首がこってくると頭痛になる 목이 뻐근하면 두통이 된다.

  ▷ 頭痛で吐き気やめまいがする 두통으로 구역질이나 현기증이 난다.

  ▷ 目の奥がズ～ンと痛い 눈 안쪽이 우리하게 아프다.

  ▷ 天気が悪くなる前に頭痛がする 날씨가 나빠지기 전에 두통이 난다.

  ▷ どこへ行っても頭痛が治らない 어디에 가도 두통이 낫지 않는다.

☐ 日だまりショットを受けた方の感想 히다마리 숏을 받은 분의 감상

  ▷ 20年来の頭痛の苦しみからようやく解放されました。今では薬を持ち歩きません。やったー!! 20년째 앓아오던 두통의 고통에서 드디어 해방되었습니다. 지금은 약을 가지고 다니지 않습니다. 앗호!

▷ 頭痛・めまいがず～んとしていて、どうしようか悩んでいました。こんなに早く良くなって嬉しいです。두통・현기증이 우리하게 아파 어떻게 해야 할지 고민하고 있습니다. 이렇게 빨리 좋아지니 너무 기뻐요.

▷ 子育て中で頭痛がつらく、吐き気までしていました。あっという間に楽になり、今までがウソのようです。아이를 기르면서 심한 두통에다 헛구역질까지 겪었어요. 그러던 게 이제 순식간에 좋아져 지금까지 겪어온 두통과 헛구역질이 마치 거짓말 같아요.

☐ 頭痛セラピー「日だまりショット」で頭痛スッキリキャンペーン 두통 요법 "히다마리숏"으로 두통 완치 캠페인

▷ 通常料金￥7,000のところ(期限4月30日まで)￥2,000－(初診代込) 통상 요금 7천 엔을 (기한 4월 30일까지) 2천 엔에(초진 요금 포함)

☐ 頭痛専門「さと頭痛ラボです」と出ますので「チラシを見たよ!」とご連絡ください。 전화를 하시면 두통 전문 "사토 두통 치료실입니다"라는 음성이 나오는데, 그때 "유인물을 봤어요."하고 말씀해주세요.

▷ 女性のための整体院 さと頭痛ラボ 여성을 위한 의료전문 마사지원 사토 두통 치료실

☐ 相模原に頭痛を治しに行く方法 JR相模線 南橋本駅 東口 徒歩3分 사가미하라에 두통을 치료하러 가는 방법 JR사가미 선 미나미하시모토 역 동쪽 출입구 도보 3분

▷ 南橋本駅東口を出てメディカルビルの道を直進 미나미하시모토 역 동쪽 출입구를 나와 메디칼 빌딩이 있는 길을 직진하십시오.

▷ コインパーキングを左折 코인 주차장을 좌회전 하십시오.

▷ 白いアパートの1階です。 흰 아파트 1층입니다.

□ 施術の流れ 시술의 흐름

  ▷ 問診- 頭痛の症状や悩みをお聞きします。 문진- 두통의 증상이나 고민을 청취합니다.

  ▷ 施術- 頭痛セラピー「日だまりショット」を行います。 시술- 두통요법 "히다마리숏"을 행합니다.

  ▷ アドバイス- 頭痛の原因やアフターケアをお伝えします。 어드바이스-두통의 원인과 애프터케어를 전해드립니다.

□ 雑誌『からだにいいこと』で紹介された「日だまりショット」、今なら2,000円でお試し頂けます。 잡지 "몸에 좋은 것"에서 소개된 "히다마리숏", 지금이라면 2천 엔에 받아보실 수 있습니다.

□ つらい頭痛でお悩みの方、ご予約はこちらへ! 괴로운 두통으로 고민하고 계시는 분, 이쪽으로 예약하십시오.

□ 当院は頭痛に特化した整体院で女性専門となります。 당원은 두통으로 특화한 여성전문 의료마사지원입니다.

※ 출처: さと頭痛ラボ 女性のための整体院(2019)

□ 骨盤矯正 골반 교정 | 骨盤矯正が得意な整体院です!! ぜひお試し下さい!! 골반 교정을 잘하는 의료전문 마사지원입니다. 꼭 시험해보세요.

□ その"キツさ""ゆがみ"が原因⁉ 그 심한 통증과 골반 뒤틀림이 원인인가?

  ▷ 骨と筋肉から根本的に改善します。 뼈와 근육부터 근본적으로 개선합니다.

  ▷ ゆがみを調整する事で不調が改善されます。 골반 뒤틀림을 조정하는 것으로 신체 부조화가 개선됩니다.

□ 筋肉 근육 | 姿勢 자세 | 骨盤 골반 | 骨格系 골격계

▷ 肩こり 어깨 결림 | 四十肩 사십견 | 五十肩 오십견 | 慢性腰痛 만성요통 | ぎっくり腰 돌발성 요통 | 坐骨神経痛 좌골신경통 | 手のしびれ 손 저림 | 便秘 변비 | 頭痛 두통 | 首痛 목통증 | 股関節痛 고관절통 | 膝の痛み 무릎 통증

□ 自律神経系 자율신경계

▷ 不眠 불면증 | 眼精疲労 눈피로 | めまい 현기증 | 花粉症 꽃가루 알레르기 | 下痢 설사 | 更年期障害 갱년기장애

□ 女性の悩み系 여성의 고민계

▷ 生理痛 생리통 | 生理不順 생리불순 | 冷え性 냉증 | むくみ 부종 | 産後の不調 산후의 부조 | O脚 오다리 | ダイエット 다이어트

□ 姿勢 자세

▷ 背骨のゆがみ 척주의 뒤틀림 | 骨盤のゆがみ 골반의 뒤틀림 | 反り腰 휘어진 허리 새우등 | 猫背 구부정한 자세 | ストレートネック 스트레이트 넥 | O脚 O다리 | 外反母趾 외반모지(엄지발가락이 둘째 발가락 쪽으로 기울어지고, 관절이 안쪽으로 구부러진 상태를 지닌 증상)

□ 女性 여성

▷ 産後の骨盤・不調 산후 골반・부조 | 産後ダイエット 산후 다이어트 | リフトアップ・バストアップ 리프트 업・바스트 업

▷ ぽっこりお腹 볼록 배 | 冷え 냉증 | むくみ 부종 | 頭痛 두통 | 生理痛 생리통 | 肌荒れ 피부가 거칠어짐 | 尿漏れ 요실금 | 便秘 변비

□ 仕事による症状 업무에 의한 증상

    ▷ 頭痛 두통 ｜ 目の疲れ 눈 피로 ｜ 肩こり 어깨 결림 ｜ 運転による疲労 운전

    に よる 피로 ｜ 立ち仕事からくる腰痛 서서 하는 업무에서 오는 요통 ｜ 机仕事

    による姿勢悪化 책상업무에 의한 자세 ｜ 首の疲れ 악화 목의 피로

□ 痛み 통증

    ▷ ぎっくり腰 돌발성 요통 ｜ 坐骨神経痛 좌골신경통 ｜ 肩こり 어깨 결림 ｜ ひ

    ざ痛 무릎 통증 ｜ むち打ち 편타성 손상・寝ちがえ 잠을 잘못 자서 목이나 어깨

    が 결리는 증상 ｜ 股関節痛 고관절통・腱鞘炎 건초염 ｜ 四十肩 사십견 ｜ 五

    十肩 오십견 ｜ 脊柱管狭窄症 척주관 협착증

□ 痛み一撃最新マシーン 통증을 일격에 해소하는 최신 기계 ｜ 肩こり、腰痛、

眼精疲労、ひざの痛みなど痛み止めを飲んでも改善されない痛み長年

苦しんでいる痛みをその場で半減をさせることができます。어깨 결림, 요

통, 눈 피로, 무릎의 통증 등, 통증 방지약을 먹어도 개선되지 않는 통증, 오랜 기간 고통

을 주는 통증을 즉시 반감시킬 수 있습니다.

□ 猫背矯正 새우등 교정 ｜ ご自身でなかなか伸ばせない筋肉もじっくりスト

レッチします。姿勢の改善で身体の不調も改善されると言われていま

す。혼자서 좀처럼 펴지 못하는 근육도 천천히 펴드립니다. 자세의 개선으로 신체의 부

조화도 개선되었다는 말을 듣고 있습니다.

□ マタニティケア 산후조리 ｜ 産後骨盤矯正 산후 골반교정 ｜ 産前、産後の骨

盤ケアはママにとっても赤ちゃんにとっても大切です。元気な赤ちゃん

とママを応援します。산전, 산후 골반 케어는 엄마들에게 있어서도 아기에게 있어

서도 중요합니다. 건강한 아기와 엄마를 응원합니다.

□ 出産後は骨盤を見なおす大チャンス。腰痛の方、肩や腰の疲れ、体型を戻したい方産後2ヶ月以上経っている方などにおすすめしています。

출산 후에는 골반을 살펴볼 절대적인 기회입니다. 요통, 어깨 및 허리 피로, 체형을 되돌리고자 하시는 분, 산후 2개월 이상 경과하신 분 등에게 권장해드리고 있습니다.

□ ぽっこりお腹引き締め最強コース 올챙이배를 집어넣는 최강 코스 | 産後の方、姿勢を良くしたい方、内臓脂肪が気になる方、ポッコリおなかが気になる方、ダイエットをしたい方、歩くのがつらい方、寝たきり防止目的の方などにおすすめしています。 산후 주부, 자세를 좋게 하고 싶은 분, 내장 지방이 염려되시는 분, 볼록 배가 염려되시는 분, 다이어트를 하고 싶은 분, 걷기가 힘드신 분, 늘 누워있는 상태를 방지하고자 하시는 분 등에게 권장하고 있습니다.

□ むちうち 경추염좌 | 交通事故治療 교통사고 치료

⊳ 加害者 가해자 | ひき逃げ事故 뺑소니 사고 | 無保険事故 무보험사고 | 自損事故 자손사고

□ 事故後の保証

⊳ 治療費 치료비 | 慰謝料 위자료 | 交通費 교통비 | 休業損害 휴업손해

※출처: ほねごり整体院小山院(2018)

□ はしもと接骨院ゼミ 하시모토 의료전문 마사지원 | 諦めていた痛みが変わる。骨盤矯正 체념하고 있던 통증이 바뀐다. 골반교정

□ 当院は「強い痛みのある方」を得意としています。 당원은 "강한 통증이 있는 분"을 전문으로 하고 있습니다.

□「どこに行っても治らない」「当院で異状ないのに痛い」「骨盤の歪みが

気になる」そんな方へ "어디에 가도 낫지를 않는다." "해당 병원에서 이상이 없는데 아프다." "골반의 뒤틀림이 신경 쓰인다." 등의 증상을 가진 분에게

□ 講座 5名限定! 無料骨盤講座 5명 한정! 무료 골반강좌 | 骨盤の悩みを解決します! 골반 고민도 해결합니다!

    ▷ 施術体験もできます! 시술 체험도 가능합니다. ※初めての方に限ります。ご予約はお電話で! 처음 오시는 분만 해당합니다. 예약은 전화로!

    ▷ 2月23日(金) 時間 13:00〜14:00 当院開催 본 마사지원에서 개최

    ▷ 実際の講義風景 실제의 강의 풍경

    ▷ その場で体験できます。 바로 체험이 가능합니다.

□ はしもと整体院 하시모토 의료전문 마사지원 本院 본원

    ▷ 五十肩 오십견 | ぎっくり腰 돌발성 요통 | 膝痛 무릎통증 | 交通事故の痛みお任せください。 교통사고 통증 맡겨주세요.

    ▷ 駅から歩いて5分 역에서 도보 5분

    ▷ 日・祝日 休診 일요일・축일 휴진

□ 予約優先 예약우선 042-705-9622

□ はしもと接骨院ゼミ参加者の感想 하시모토 의료전문 마사지원 세미나 참가자의 감상

    ▷ 骨盤の歪みの原因について知ることができました! 70代女性 골반이 뒤틀리는 이유를 알 수 있었습니다! 70대 여성

    ▷ 少人数で受けられるので良かった! 50代女性 소인수로 치료를 받을 수 있어서 좋았어요! 50대 여성

    ▷ 初めての体験だったが良かった! 50代女性 처음으로 체험을 했는데 참 좋았어요! 50대 여성

    ▷ 施術が受けられて良かった! 60代女性 시술을 받을 수 있어서 좋았어요! 60대 여성

▷ 意外と知られていない筋肉とその働きを分かりやすく説明してくれてよかった。50代男性 의외로 알려져 있지 않은 근육과 그 작용을 알기 쉽게 설명해줘서 좋았다. 50대 남성

▷ 痛みが激減 통증이 격감

※출처: はしもと整体院 本院(2019)

□ 그 외 관련 단어

▷ 受付 접수 | 骨 뼈 | 改善 개선 | ゆがみの調整 뒤틀림 조정 | 不調 부조 | 筋肉 근육 | 体験会 체험회 | 予約優先制 예약 우선제 | ママさん歓迎 주부 환영 | お子様連れ 자녀분 동반 | 問診 문진 | 検査 검사 | 来院 내원

25. 스포츠웨어 및 작업복 세일

□ 高性能 [こうせいのう] 고성능 | 全国821店舗だからできる限定アイテムも! プロが認める高性能で攻める夏!! 第2弾 전국 821점포이므로 가능한 한정 아이템도! 프로페셔널이 인정하는 고성능으로 공략하는 여름! 제2탄

□ 관련 단어

▷ 半袖ポロシャツ [はんそで] 반소매 폴로셔츠 | 長袖Tシャツ [ながそで] 긴소매 티셔츠 | 裏綿半袖 [うらめん] 폴리에스테르 반소매 | サマーワークウエア 여름 작업복 | 綿混長袖ポロシャツ [めんこん] 면이 들어간 긴소매 폴로셔츠 | バックルベルト 허리벨트 | 長袖ツナギ服 긴소매 작업복 | 半袖ツナギ服 반소매 작업복 | エアシェルジャケット 에어쉘 자켓 | 紳士麦わら帽子 [むぎ] 신사 밀짚모자 | 長袖クルーネック 긴소매 크루넥 | 丸首半袖シャツ [まるくび] 둥근 목 반소매 셔츠 | V首半袖シャツ v자 반소매 셔츠 | アスレシューズ 아슬레 슈즈 | 綿混カーゴパンツ 면 섞인 카고바지 | ヘルメットインナー 헬멧 이너 | 半袖ミドルネック 반소매 미들넥 | 長袖ミドルネック 긴소매 미들넥 | セーフティシューズ 안전화 | 青軍手 [あおぐんて] 파란 목장갑 | セーフティスニーカー 안전화 | 合成ゴム底 [ぞこ] 합성고무창 | 速乾Tシャツ [そっかん] 빠른 건조 티셔츠 | プリントTシャツ 프린트 티셔츠 | 速乾生地 [きじ] 속건 천 |

編み目 그물코 | タックボーダー半袖VネックTシャツ 턱보더 반소매 V자 목 티셔츠 | 着心地 착용감 | プリントメッシュキャップ 프린트 멧슈캡 | ハーフメッシュショート丈靴下 하프 멧슈 숏 키 양말 | 5足組 5켤레 | 速乾性 빠르게 건조되는 성질 | 半袖ポロシャツ 반소매 폴로셔츠 | 吸汗速乾超軽量半袖Tシャツ 땀을 흡수하며 빨리 마르는 초경량 반소매 티셔츠 | 空調ウエア 팬이 들어간 작업복 | 熱中症対策 열사병 대책 | ダブルインパクト 더블임팩트 | エアセンサーワン 에어센서 원 | 接触冷感コンプレッション 접촉 냉감 콤프레션 | 長袖ミドルネック 긴 소매 미들 넥 | ダブルインパクト長袖ジャンバー 더블 임팩트 긴 소매 점퍼 | ダブルインパクトパンツ 더블 임팩트 바지 | リチウムイオン 리튬 이온 | カーゴパンツ 카고 바지 | 半袖シャツ 반소매 셔츠 | 長袖ジャンバー 긴소매 점퍼 | 冷感ワーク長袖シャツ 냉감 작업 긴 소매 셔츠 | 涼しい夏物 시원한 여름나기 물건 | 通気量 통기량 | 特殊鉱石 특수광석 | 夏ラクひんやり 여름을 손쉽게 시원하게 | 遮熱生地 차열 옷감 | 通気システム 통기 시스템 | 作業靴 작업화 | セーフティブーツ 안전부츠 | 軽量ショートカラーブーツ 경량 숏 컬러 부츠 | 皮手袋 가죽장갑 | 使い捨て手袋 일회용 장갑

※ 출처: WORKMAN(2019)

26. 시 자치회

□ 自治会 자치회 | 自治会は「自分のため」と「みんなのため」にあります 자치회는 "자신을 위해" "모두를 위해" 존재합니다.

▷ 夜も安心して歩ける道、緊急時に避難できる施設、お祭りの思い出-ひとりにとっていい町は、みんなにとってもいい町です。「自分のため」と「みんなのため」が重なるところ、それが自治会です。 밤에도 안심하고 걸을 수 있는 길, 긴급 시에 피난할 수 있는 시설, 축제의 추억—한 사람에게 있어 좋은 동네는 모두에게도 좋은 동네입니다. "자신을 위해"와 "모두를 위해"가 겹치는 곳, 그것이 자치회입니다.

□ 活動 활동 | おもな自治会活動 주요 자치회 활동

▷ ごみステーションや公園の管理 쓰레기장과 공원 관리

▷ 道路の安全確保 도로안전 확보

▷ 学校や公民館、市との連携 학교와 공민관, 시와의 연계

▷ 子どもの登下校の見守り 자녀 등하교 지켜보기

▷ 防犯灯の維持管理 방범등의 유지관리

▷ 防犯パトロール 방범 순찰

▷ 防災訓練 방재훈련

▷ お祭りなどの行事の開催 축제 등 행사 개최

▷ 広報物の配布 홍보물의 배포

□ 干渉 간섭 | プライバシーを守りたい！ ご近所に干渉されたくありません。 프라이버시를 지키고 싶다! 이웃에게 간섭받고 싶지 않습니다.

▷ ご近所を警戒するのは、「知らない人」だからではありませんか。 가까운 주위 이웃을 경계하는 것은 "모르는 사람"이기 때문이 아닌가요?

▷ 自治会員も同じことを思っています。 자치회원도 같은 것을 생각하고 있습니다.

□ 一人暮し 독신생활(독거생활) | 高齢で一人暮らし。 生活や健康に不安があります。 고령으로 독신생활. 생활과 건강에 불안이 있습니다.

▷ 人との関わりがある人ほど健康寿命が長いことをご存じですか。 남들과 잘 어울리는 사람일수록 건강수명이 긴 것을 아시는지요?

□ 税金 세금 | いざというときには行政が何とかしてくれるはず。 そのために税金を払っているんだから。 유사시에는 행정이 어떻게든 해줄 거야. 그 때문에 세금을 내고 있는 것이니까.

▷ 大災害のときは、消防車や救急車は駆け付けられません。 대재해 발생시는 소방차나 구급차는 달려가지 않습니다.

▷ いざというとき、お子さんが近くにいるとは限りません。 유사시 자녀가 반드시 가까이 있다고 할 수 없습니다.

□ 当番 당번 | 当番をやりたくありません。 なんでそんなことさせられるの? 당번을 하고 싶지 않습니다. 어째서 그런 일을 해야 하는 거죠?

▷ コストをかけずに住みよい町をつくるためです。 비용을 들이지 않고 살기 좋은 동네를 만들기 위해서입니다.

▷ 当番制だから、一人あたりの負担を軽くできるのです。 당번제이므로 일인당 부담을 가볍게 할 수 있는 것입니다.

☐ なぜお祭りや行事なんかするの? 왜 마쓰리나 행사 같은 것을 해야 하나요?

▷ 地域でなければ子どもにあたえてやれないものだからです。 지역이 아니면 아이들에게 해 줄 수 없기 때문입니다.

☐ 警戒心 경계심 | 誰でも「知らない人」には警戒心を抱くもの。 누구라도 모르는 사람에게는 경계심을 품는 법입니다.

☐ くつろぐ 걱정 없이 지내다 | でも自分の住む地域では、できるだけくつろいで過ごしたいですね。 하지만 자신이 사는 지역에서는 가능한 한 유유자적하게 살아가고 싶지요?

☐ 自治会加入 자치회 가입 | 自治会加入は、「知らない人」を「知り合い」に変えるチャンスです。 자치회 가입은 모르는 사람을 아는 사람으로 바꿀 기회입니다.

☐ 知り合い 지인 | 「知り合い」が増えると、警戒心は安心へと変わります。 지인이 늘면 경계심은 안심으로 변화됩니다.

☐ 「プライバシーを守りたい、私的なことに干渉されたくない」と思うのは自治会員も同じです。 "프라이버시를 지키고 싶다. 사적인 것에 간섭받고 싶지 않다"고 생각하는 것은 자치회원도 마찬가지입니다.

☐ 尊重 존중 | 自分のプライバシーを守りたいから人のプライバシーも尊重する気持ちよいおつきあいを長続きさせるコツです。 자신의 프라이버시를 지키고 싶기 때문에 남의 프라이버시도 존중하는 기분 좋은 교제를 오랫동안 지속시키는 요령입니다.

☐ 趣味のサークル活動やホームパーティ、立ち話など、人づきあいを楽しむ人は病気になりにくいことが分かっています。 취미 서클 활동이나 홈 파티, 자유

로운 대화, 사람들과의 교제를 즐기는 사람은 질병에 잘 걸리지 않는 것으로 밝혀졌습니다.

□ 孤独（こどく） 고독 ｜ 過度（かど）なご近所付（きんじょつ）き合（あ）いは、孤独（こどく）がもたらす不安（ふあん）を遠（とお）ざけ、あなたの心身（しんしん）の健康（けんこう）に役立（やくだ）つ可能性（かのうせい）があります。 과도한 이웃과의 교제는 고독이 초래할 불안을 물리치고 당신의 심신의 건강에 도움이 될 가능성이 있습니다.

※출처: 相模原市自治会連合会(2018)

27. 안경점

□ レンズ交換 렌즈교환 | レンズ交換& 下取りキャンペーン 렌즈교환과 구입
자 기존 소유 안경 구입 캠페인

□ T-POINT アイガンでT-POINT貯まる!使える! 아이간에서 T포인트 쌓인다!
사용할 수 있다!

□ メガネ(フレーム・レンズ) 計10,000円以上お買上げの方 1,000円OFF 안
경(테・렌즈) 합계 1만 엔 이상 구입하시는 분에게 1천 엔 할인

□ サングラス・メガネグッズクーポン券 선글라스・안경 상품 쿠폰권 | サングラ
ス・メガネグッズ 店頭割引価格よりさらに10%OFF 선글라스・안경 상품 점두
할인 가격에서 또 10% 할인

□ 補聴器クーポン券 보청기 쿠폰권 | 補聴器お試しレンタル料 両耳2週間
1,000円(税込) 보청기 시험 렌탈 요금 양쪽 귀 2주간 1천 엔(세금포함)

□ 補聴器クーポン券 보청기 쿠폰권 | 補聴器100,000円以上お買い上げの方
5,000円OFF 보청기 10만 엔 이상 구입하시는 분에게 5천 엔 할인

□ カラフルアイズオープン! ネットショップで使える10%OFFクーポンはコ
チラから! 컬러풀 아이즈 오픈! 온라인 숍에서도 사용할 수 있는 10% 할인 쿠폰은 이
쪽에서!

☐ 眼病予防(がんびょうよぼう)・美肌対策(びはだたいさく)に！ 안구질환 예방·아름다운 피부대책으로 「アイガン UV420＋美肌」レンズ 아이간 UV420+아름다운 피부 렌즈

☐ 白内障(はくないしょう) 백내장 | 白内障や加齢黄斑変性(かれいおうはんへんせい)の原因のひとつとして挙げられている。HEVをカット！ 백내장이나 가령황반변성 원인의 하나로 알려져 있다. HEV를 차단

☐ シワ 주름 | シワやたるみの原因になるとも言われている。近紫外線(きんしがいせん)をカット！ 주름이나 눈밑 축처짐의 원인이 되는 것으로 알려져 있다. 근자외선을 차단!

☐ 紫外線(しがいせん) 자외선 | 紫外線99%以上カット 자외선 99% 이상 차단

☐ ブルーライト 푸른 불빛 | ブルーライト約40%カット 블루라이트 약 40% 차단

☐ HEV約94%カット HEV를 약 94% 차단

☐ 近紫外線(きんしがいせん) 근자외선 | 近紫外線約50%カット 근자외선 약 50% 차단

☐ 無色のレンズ 무색렌즈 | ＜オプション価格(かかく)＞2枚1組・無色のレンズ 7,560円 옵션 가격 2장 1세트·무색 렌즈 7,560 엔

☐ 着替(きが)えのメガネ 번갈아 쓰는 안경 | 着替えのメガネやコンタクトの予備(よび)におススメ！ 번갈아 쓰는 안경과 콘택트 준비에 추천합니다!

☐ 買得(かいどく) 싸게 구입 | レンズ付きお買得セットコーナー UVケアレンズ付 4,990円(税込(ぜいこみ)) 렌즈 포함 싸게 구입하는 세트 코너 UV 케어 렌즈 포함 4,990 엔(세금 포함)

☐ 度入(どいり)サングラスセット 도수가 들어간 선글라스 세트 | UVカット率99%以上 度入サングラスセット9,990円(税込) UV차단률 99% 이상 도수가 들어간 선글라스 세트 9,990 엔(세금 포함)

☐ 素材(そざい) 소재 | 軽くてしなやかな素材。掛(か)け心地(ごこち)がよい！ 가볍고 유연성 있는 소재. 착용한 느낌이 좋다!

☐ レンズカラー 렌즈컬러 | レンズカラーがお好(この)みで選べる！ 좋아하는 렌즈컬러

로 선택할 수 있다!

□ 交換 교환 | お気に入りのメガネはそのまま、レンズのみ交換できます
마음에 드시는 안경은 그대로 렌즈만 교환할 수 있습니다.

□ 度数 도수 | 度数が変わったので変更したい方! カラーレンズを入れてサングラスにしたい方! 度数が変わりやすいお子様も安心♪ 도수가 바뀌어서 안경을 바꾸고자 하시는 분! 컬러 렌즈를 끼워 선글라스로 하고 싶으신 분! 도수가 바뀌기 쉬운 자녀분들도 안심♪

□ レンズ交換割引クーポン券- レンズのみお買上げの方 20%OFF 렌즈 교환 할인 쿠폰권- 렌즈만 구입하시는 분에게 20% 할인해드립니다.

□ メガネを新調したい方-古いメガネの下取りでもっとお得にお買上げ! 下取りクーポン券・ご不用メガネ下取りで1,000円OFF 안경을 새로 구입하고자 하시는 분- 쓰고 계신 안경을 매수하므로 좀 더 싸게 구입하실 수 있습니다! 중고 안경 구입 쿠폰권·기존 소유 안경 구입으로 1천 엔 할인

□ 運転免許 운전면허 | 運転免許返納者に嬉しい特典! 運転経歴証明書ご提示でメガネ10%OFF・補聴器5%OFF 운전면허 납부자에게 반가운 특전! 운전경력증명서 제시하시면 안경 10% 할인·보청기 5% 할인

※출처: メガネのアイガン イオン橋本店(2019)

□ 最大 최대 | アイガンの決算SALE最大50%OFF 아이간의 결산세일 최대 50% 할인

□ T-POINT アイガンで T-POINT貯まる!使える! T포인트 아이간에서 T포인트 쌓인다! 사용할 수 있다!

□ 衝撃 충격 | 衝撃! 国産で遠近両用レンズをつけてもこの価格! 충격! 국산으로 원근 양용 렌즈를 부착해도 이 가격입니다!

   ▷ スタイリッシュ＆快適にかけられるビジネスフレーム 스타일릿슈＆쾌적하게 착용하실 수 있는 비즈니스 프레임

   ▷ 横顔までしっかりドレスアップ 옆얼굴까지 완벽하게 드레스업

□ なんと!大人気のデザインメガネもレンズ込で決算価格! 이럴 수가! 대인기 디자인 안경도 렌즈 포함해서 결산가격이라니!

   ▷ デキル男を演出。デザインメタルフレームの入門編 능력 있는 남자를 연출. 디자인 메탈프레임 입문편

   ▷ 目元を明るく演出して元気で若々しい印象に。 눈매를 밝게 연출하여 건강하고 젊디젊은 인상으로

□ 割引 할인 | さらに! 割引対象品番はまだまだございます! 할인대상 품번은 또 있습니다!

   ▷ ブランド商品も期間限定割引! 브랜드 상품도 기간 한정 할인!!

□ 店内 점포 내 | 店内のメガネはすべてレンズ込価格 점포 내의 안경은 모두 렌즈 포함 가격입니다.

   ▷ 例えば、遠近両用メガネでも税込15,980円よりお作りできます! 예를 들면 원근 양용 안경이라도 세금포함 15,980 엔부터 제작이 가능합니다!

   ▷ もちろん単焦点超薄型レンズでもOK! 물론 단초점 초박형 렌즈라도 가능합니다!

□ 満載 만재 | 今、話題の商品も店内満載! 지금 화제의 상품도 점내 만재했습니다!

   ▷ お風呂用メガネ! お風呂でも曇りにくく、足元が見えて安心! 목욕용 안경! 목욕탕 안에서도 김이 서리기 어렵고 발이 보여 안심할 수 있어요!

▷ 度数 도수 | 近視用、遠視用など5種類の度数から選べます。 근시용, 원시용 등 5종류의 도수부터 선택할 수 있습니다.

□ お家でのリラックスタイムに♪ 자택에서 유유자적한 시간을♪

▷ 寝落ち安心、うたた寝メガネ「続・ねころりん」寝落ちしても安心の復元力 깜박 잠이 들어도 안심. 선잠 안경 "속·네코로링" 깜박 잠이 들어 안경을 뭉게 버려도 안심할 수 있는 복원력

□ シーズンに備えよ! 계절에 대비하라!

▷ 花粉をカット!目をしっかりガード。 꽃가루를 차단! 눈을 완벽하게 보호합니다.

▷ レンズが曇りにくい! 花粉対策に! ガードグラス 렌즈가 김이 서리기 어렵다! 꽃가루 대책에! 보호 안경

□ 読書・ホビーに! 독서·취미에

▷ テレビCMで話題! ハズキルーペ 텔레비전 광고에서 화제! 확대안경

▷ 字が大きく見えて、両手も使えるので快適! 新色ルビー登場! 글씨가 크게 보이고 양손도 사용할 수 있기 때문에 쾌적합니다! 새로운 색상의 돋보기안경도 등장했습니다!

□ メガネ・サングラスクーポン券 안경·선글라스 쿠폰권

▷ メガネ(フレームレンズ)・サングラス 計10,000円以上お買上げの方1,000円引 안경(프레임 렌즈)·선글러스 합계 1만 엔 이상 구입하신 분에게 1천 엔을 할인해드립니다.

□ さらにお得に! 下取りクーポン券 또 착용해 오신 안경을 구입해드리는 쿠폰권도 있습니다.

▷ 計10,000円以上お買上げの方ご不用メガネ下取り1,000円引 합계 1만 엔 이상 구입하신 분에게 필요 없으신 안경을 구입하여 1천 엔을 할인해 드립니다.

□ 視力チェック無料チケット 시력체크 무료티켓

▷ 大好評! アイガンの補聴器レンタル じっくりお試しレンタル 대호평! 아이간의 보청기 렌탈, 여유 있게 시험적으로 착용하시도록 렌탈해 드립니다.

▷ 充電式補聴器 | 充電式補聴器お試しレンタル 両耳2週間6,000円 충전식 보청기 충전식 보청기 시험 착용 렌탈 양쪽 귀 2주간 6천 엔

※출처: メガネのアイガン イオン橋本店 決算SALE(2018)
メガネのアイガン イオン橋本店(2019)

28. 양과자

□ 日本の洋菓子　ベルンのミルフィユ 일본의 양과자 베룬의 미르피유

　▷ 香ばしく焼いた3層のパイの間に、リッチな味わいのクリームをサンドして、チョコレートでやさしく包みました。 향기롭게 구워낸 3층 파이 사이에 풍요로운 맛이 나는 크림을 샌드하여 초콜릿으로 살포시 에워쌌습니다.

　▷ おいしさのバラエティは3つ。 맛의 버라이어티는 3가지

　▷ 3種の異なるチョコレート。ひとつひとつが異なるハーモニーを奏でます。 3종의 다른 초콜렛 하나하나가 다른 하모니를 연주합니다.

　▷ このようなミルフィユは1965年ベルンが初めて創りました。 이와 같은 미루피유는 1965년 베룬이 처음으로 만들었습니다.

□ 1965's 発売　ベルンのミルフィユ誕生 1965년 발매 베룬의 미르피유 탄생

　▷ パイにクリームをサンドしてチョコレートでコーティングした今より大きな4枚サンドのミルフィユの商品化に成功しました。 파이에 크림을 샌드하여 초콜릿으로 코팅한 지금보다 큰 4장 샌드의 미르피유 상품화에 성공했습니다.

□ 1969's 発売　花柄のミルフィユ 1969년 발매 꽃무늬 미르피유

　▷ 軽く華やかなポピーの花を使ったデザインに変わりました。 가볍고 화려한 포피(양귀비) 꽃을 사용한 디자인으로 바꾸었습니다.

▷ ミルフィユ＝花柄のイメージはこの時から継承されています。 미르피유 =꽃무늬 이미지는 이때부터 계승되어 오고 있습니다.

☐ 1980's 発売 ピンクのミルフィユ 1980년 발매 핑크빛 미르피유

▷ ベルンピンクに黒を組合わせてデザインを一新しました。 베른 핑크에 검 정색을 조합하여 디자인을 일신하였습니다.

▷ 個包装は金と銀をベースにし2種類(スイート、 ミルク)の味を明確にし ました。 개별포장은 황금과 은을 기반으로 하여 2종류(스위트, 밀크) 맛을 분명히 내 도록 했습니다.

☐ 1987's 発売 ベルンのミルフィユ完成 1987년 발매 베른의 미르피유 완성

▷ 3枚サンドで食べやすいサイズのミルフィユになりました。 3장 샌드로 먹 기 쉬운 사이즈 미르피유가 되었습니다.

☐ 2004's 夏のミルフィユ 2004년 여름의 미르피유

▷ 夏季限定でフルーツ味の3種類(パインとオレンジ、ココナッツ)が登場し ました。 하계 한정으로 후르츠 맛의 3종류(파인과 오렌지, 코코넛)가 등장하였습니다.

☐ 2005's 発売 ミルフィユバレンタイン ベルン 2005년 발매 미르피유 발렌타인 베른

▷ 洋酒がほのかに香る、全く新しいタイプの大人に向けたミルフィユが 登場しました。 양주가 희미하게 감도는, 완전히 새로운 타입의 어른 취향의 미르피 유가 등장했습니다.

▷ 発売10年を記念し日本酒、梅酒が加わりデザインを一新しました。 발 매 10년을 기념하여 일본전통주, 매실주를 넣어 디자인을 일신했습니다.

☐ 2005's 発売 ベルンのミルフィユ継承 2005년 발매 베른의 미르피유 계승

▷ 1987年より愛されているかすみ草を継承したモダンなデザインにリニューアルしました。 1987년부터 사랑받고 있는 안개꽃을 계승한 모던한 디자인으로 리뉴얼했습니다.

▷ これからも永く愛されるおいしさを追求してまいります。 앞으로도 영원히 사랑받는 맛을 추구해 나가겠습니다.

※출처: BERNE Millefeuilles since 1965 TOKYO

日本の洋菓子ベルンのミルフィユ(2018)

29. 애완견 호스트

□ 愛情 애정 | あなたの犬への愛情が役に立つ犬のホストファミリーはじめませんか? 키우고 계신 개에 대한 애정이 도움이 되는 애완견의 호스트 패밀리 시작해 보시지 않겠습니까?

  ▷ 愛犬家のあなただからできる犬のための社会貢献 애견가인 당신이기 때문에 가능한 애완견을 위한 사회공헌

  ▷ ドッグハギーは、ご近所の飼い主さんが愛犬のお世話をできないとき、ドッグホストがホストファミリーとしてお家でお預かりする愛犬家同士の助け合いコミュニティです。 あなたの愛犬家としての経験を、わんちゃんのために役立たせてみませんか? 도그하기는 이웃 견주님들이 애완견을 돌볼 수 없을 때, 도그 호스트가 호스트 패밀리로서 자택에서 맡아주는 애견가 동호인들의 상조 커뮤니티입니다. 개를 위해 애견가로서의 경험을 살려보시지 않겠습니까?

  ▷ 街のみんなが犬の家族 거리의 모두가 애견 가족

  ▷ 興味がある愛犬家さんはこのアドレスにメールしてね! 흥미가 있는 애견가 분은 이 어드레스로 메일 주세요!

□ ドッグホストライフ3つのポイント 도그 호스트 라이프 3가지 포인트

  ▷ 色々な犬があなたの家に 다양한 개들이 당신의 집에- 様々な種類の犬とあなたの家で過ごす時間は、ドッグホスティングならではの犬との関わ

り方です。 다양한 종류의 개와 당신의 집에서 보내는 시간은 도그 호스팅만 누릴 수 있는 특전입니다.

▷ 活動のペースは柔軟に 활동 페이스는 유연하게- 活動のタイミングや態度は、 自分のスケジュールのなかで無理なく活動することができます。
활동 타이밍과 태도는 자신의 스케줄 속에서 무리 없이 활동할 수 있습니다.

▷ 誰かの役に立てる嬉しさ 누군가의 도움이 될 수 있는 기쁨- 飼い主さんは、 愛犬を預ける場所に困っています。 犬への愛情が誰かの役に立てたらとても暖かい気持ちになれるかもしれません。 견주님은 애견을 맡기는 장소에 곤란을 겪고 있습니다. 개에 대한 애정이 누군가의 도움이 될 수 있다면 참으로 따뜻한 기분이 들지도 모릅니다.

☐ 動物関連の仕事はしたことがないので自分にできるか不安ですが大丈夫ですか。 동물 관련 업무는 한 적이 없어서 과연 내가 할 수 있을지 불안한데 괜찮을까요?

▷ 犬への愛情と学ぶ意欲があれば大丈夫です。 獣医やトレーナーなどの専門家が在籍する運営局のサポートを受けながら安心して活動することができます。 개에 대한 애정과 배우시고자 하는 의욕이 있다면 그것으로 충분합니다. 수의사나 트레이너 등의 전문가가 재적하는 운영국 서포트를 받으며 안심하고 활동할 수 있습니다.

☐ 審査はどのようなものですか? 심사는 어떻게 진행되나요?

▷ 犬に関する基礎的な知識や考え方を確認するペーパーテスト、 部屋の環境などを確認する面談の2段階形式です。 いずれもご自宅にいながら受けられます。 개에 관한 기초적 지식이나 사고방식을 확인하는 필기시험, 방의 환경 등을 확인하는 면담으로 이루어지는 2단계 형식입니다. 어느 쪽도 자택에서 시험을 치실 수 있습니다.

□ 愛犬を飼っていても、ドッグホストになれますか。 애견을 기르고 있어도 도그 호스트가 될 수 있나요?

▷ 日程の都合がつかない場合やお預かり前の「事前面談」でご自身が責任を もって預かることが難しいわんちゃんの場合はお断りいただいても問題ありません。 일정이 여의치 않는 경우나 직접 책임을 지고 맡기 어려운 개의 경우는 맡으시기 전의 "사전면담"에서 거절을 하셔도 전혀 문제가 없습니다.

□ 参加 참가 | 犬の幸せを第一に考える日本の街をつくる活動にあなたも 参加しませんか? 개의 행복을 우선으로 생각하는 일본의 거리를 만드는 활동에 당신도 참가하지 않겠습니까?

□ DogHuggy 運営局 街のみんなが犬の家族 0800-300-9158(受付時間 10:00～20:00) 도그하기 운영국 거리의 모두가 개의 가족

※출처: DogHuggy(2018)

30. 어린이 수영교실

□ 体験 체험 | 春のお試し1日無料体験 お申し込み受付中! 봄에 시험 삼아 해보는 도전 1일 무료체험 신청 접수중!

  ▷ 相模原市役所横2018.4.9.(Mon)グランドオープン!OPEN! 사가미하라 시청 옆 그랜드 오픈!

□ 雰囲気 분위기 | 一日無料体験- 水慣れ、バタ足までを行います。実際のクラスの雰囲気を感じましょう。お申し込みはQRコードから 1일 무료체험- 물에 익숙해지기, 물장구치기까지 합니다. 실제의 클래스 분위기를 느껴봅시다. 신청은 QR코드로

□ クラス 클래스 水慣れ ～バタ足 물에 익숙해지기~물장구치기

  ▷ ベビー 유아반

  ▷ 園児～小学生 유치원생~초등학생

  ▷ 幼児 유아

  ▷ 園児～小学生 유치원 학생~초등학생

□ 特典 특전 | 3月入会特典 3월 입회 특전

  ▷ ご入会の方には指定用品プレゼント!(水着・キャップ・クラブバッグ・スイミングブック) 입회하시는 분에게는 지정용품을 선물로 드립니다!(수영복, 수영모, 클럽백, 수영 책자)

▷ 締切(しめきり) 마감일 3/31(土)まで 3/31(토)까지

▷ 先着順(せんちゃくじゅん)!入会方法は裏面(うらめん)をご覧ください! 선착순! 입회 방법은 뒷면을 보아주세요!

□ はじめての習(なら)い事(ごと)はオアシスキッズから! 첫 강습은 오아시스키즈에서!

□ キッズスイミングスクールスケジュール(仮) 어린이 수영학교 임시 스케줄

▷ ベビークラス(親子(おやこ)) 유아반(모자)
心肺機能(しんぱいきのう)を高(たか)める 심폐 기능을 높인다 | 抵抗力(ていこうりょく)をつける 저항력을 지닌다.

▷ 幼児クラス 유아반

▷ 園児クラス 원아반

▷ 園児・小学生クラス 원아・초등학생반

□ 그 외 관련 단어

▷ 少人数制(しょうにんずうせい) 소인수제 | 泳力向上(えいりょくこうじょう) 수영능력 향상 | 面クロール 수면 자유형 | クラスの振(ふ)り替(か)え 클래스 변경 | 振替登録(ふりかえとうろく) 대체 등록 | 受講(じゅこう)カレンダー 수강 달력 | イベント情報 이벤트 정보 | 悪天候時(あくてんこうじ) 악천후 시 | 臨時休館(りんじきゅうかん) 임시휴관 | インターネットサービス開始(かいし) 인터넷 서비스 개시 | 入会方法(にゅうかいほうほう) 입회 방법 | お持ちのクレジットカード 소지하신 신용카드

□ 入会受付センター/入会受付中! 입회 접수 센터/입회 접수중! 042-707-0091
営業時間 영업시간 12:00~20:00

※ 출처: 東急スポーツオアシス相模原24Plus(2018)

31. 어린이 축구교실

☐ サッカークラブ 축구클럽 | 2歳から始められるサッカークラブ 2세부터 시작

할 수 있는 축구클럽

☐ キッズコース入会特典 키즈코스 입회 특전

▷ 第一期生となるため、お友達が作りやすい! 제기생이 되므로 친구를 만들기 쉽다!

▷ ユニフォームはシャツのみ!お月謝は¥4,590! 유니폼은 셔츠만! 수강료는

¥4,590 엔입니다.

▷ 他のコースでも限定の入会特典があります! 다른 코스에서도 한정 입회 특전

이 있습니다!

☐ 無料体験会について 무료체험회에 대해서

▷ 体験会場- 相模原スポーツガーデン フットサル場 체험 축구장- 사가미하

라 스포츠가든 풋살경기장

▷ 体験日時 체험 일시 11月10日(土)/11月13日(火)

※どちらの日程をお選び下さい。 어느 한쪽의 일정을 선택해주십시오.

☐ メンバー募集地域 멤버 모집 지역

▷ 小学校 초등학교- 相模原小 사가미하라・二本松小 니혼마쓰・川尻小 가와지

리・大島小 오시마・九沢小 구자와・広陸小 고료・旭小 아사히・宮上小 미

야카미

▷ 地域- 日本松 니혼마쓰・相原 아이하라・町屋 마치야・久保沢 구보사와・若葉台 와카바다이・向原 무카이하라・河尻 가와지리・上九沢 가미구자와・橋本台 하시모토다이・西橋本 니시하시모토・橋本 하시모토・東橋本 히가시하시모토

▷ 初心者大歓迎! これからサッカーを始める子が集まってます! 초심자 대환영! 벌써부터 축구를 시작하려는 아이들이 모여들고 있습니다!

☐ どんなサッカークラブ? 어떤 축구클럽이지?

▷ 年3回サッカー大会がございます! 연 3회 축구대회가 있습니다!

▷ レギュラー・補欠なし! 레귤러・대기선수 없습니다!

▷ 全員が参加できる大会です! 전원이 참가할 수 있는 대회입니다!

▷ 面倒なお茶番やお手伝いなど一切なし! 성가신 차당번이나 도우미 활동 등은 일절 없습니다!

▷ 練習の見学も自由です! 연습 견학도 자유롭게 할 수 있습니다!

▷ 是非お子様の頑張る姿などご覧下さい!! 꼭 자제분이 노력하는 모습을 보아 주십시오!

▷ 幼稚園入園前の2歳から参加できます! 유치원 입학 전의 2세부터 참가할 수 있습니다!

▷ まずは、体を動かす楽しさを感じながら、集団行動を学んでいきます! 우선은 몸을 움직이는 즐거움을 느끼면서 집단행동을 배워나갑니다!

☐ チーム情報 팀 정보

▷ 会場 축구장 相模原スポーツガーデンフットサル場(土)・原宿公園(火) 사가미하라 스포츠 가든 풋살경기장(토)・하라쥬쿠 공원(화)

▷ 曜日 毎週(火or土曜日) 요일 매주(화 또는 토요일)

※ 출처: JSNサッカークラブ(2018)

□ APS神奈川サッカークラブ ★体験会募集★

APS가나가와 축구클럽 ★체험회 모집★

□ APS南橋本スクール APS大野台スクール

APS미나미하시모토 스쿨 APS오노다이 스쿨

▷ はじめてサッカーやる子大歓迎です ★キッズクラスも開校(かいこう)!! 처음으로 축구를 하는 어린이 대환영입니다 ★어린이반도 개교했습니다!!

▷ 9月10月体験会 9월 10월 체험회

▷ 応募締(おうぼし)め切(き)り 응모 마감 9/28(金)

▷ 2才、3才のキッズクラス!あいさつ、お片付(かたづ)け、ボール遊び 2세, 3세 어린이반! 인사, 정리정돈, 공놀이

▷ 年少~年長の幼児クラス! 연소~연장 유아 클래스!

▷ 小学生1年生~6年生の小学生クラス! 초등학생 1학년~6학년 초등학생 반

□ お母さん達の当番もないので任せて安心! 어머님들이 당번하실 일도 없으므로 안심하고 맡겨주세요!

□ 通常練習(つうじょうれんしゅう)の情報 통상 연습의 정보

▷ 南橋本スクール(土)通常練習 미나미하시모토 스쿨(토) 통상 연습

▷ 大野台スクール(水)(土)通常練習 오노다이스쿨(수) 통상 연습

▷ 練習会場: フットサルポイントサル相模原 축구연습장: 풋살 포인트살 사가미하라

▷ 南橋本スクール練習会場・相模原スポーツガーデン 미나미하시모토 스쿨 축구연습장・사가미하라 스포츠 가든

□ 土日体験会情報 토 일요일 체험회 정보

▷ 練習会場: ご自宅のお近くをご案内します。 축구연습장: 자택 근처를 안내해 드립니다.

☐ APSサッカークラブのご案内- APSサッカークラブの5つの特徴 APS축구 클럽 안내-APS축구클럽의 5가지 특징

▷ 楽しいサッカー 즐거운 축구

お子様が楽しく、自然にサッカー技術を身につけられるように、だる まさんが転んだなどボールを使った要素を取り入れて行います。 자제분 들이 즐겁게, 자연스럽게 축구기술을 습득할 수 있도록 "무궁화꽃이 피었습니다." 등 공 을 사용한 요소를 도입하여 운영합니다.

▷ ほめる指導 칭찬하는 지도

APSサッカークラブは出来た事、成長した事に目を向け、ほめる声掛 け出来なかった事には諦めずに取り組めるように励ます声掛けをして おります。 APS축구클럽은 잘 한 것, 성장한 것에 주목하여 칭찬하는 말을 하며 잘 하지 못한 것에는 체념하지 않고 열심히 해나갈 수 있도록 격려하는 말을 아낌없이 해 주고 있습니다.

▷ しつけ指導 예절 지도

お子様は集団生活が必ず必要な時間が来ます。 それに伴い必要な ルール、マナーを身につけるように指導に取り組みます。 자제분은 집단 생활이 반드시 필요한 시간이 옵니다. 그것에 수반하여 필요한 규칙, 매너를 몸에 지니 도록 지도에 노력을 기울이겠습니다.

▷ 人見知り、場所見知りの改善 낯가림, 장소가림의 개선

人見知り、場所見知り…大歓迎です。 最初は保護者様と一緒に参加 して頂きお子様のタイミングで無理なくお母様から離れてやってみま しょう。 낯가림, 장소가림…대환영입니다. 처음에는 보호자분과 함께 참가하여 자제

분의 타이밍으로 무리 없이 어머님한테서 떨어지도록 해봅시다.

▷ サッカーの試合について 축구시합에 대해서

毎週土日にやるのではなく年に2回~3回(春夏秋冬)にAPSサッカーク
ラブに所属している会員様すべてのお子様が主役です。※レギュ
ラーや補欠なし。 매주 토요일과 일요일에 하는 것이 아니라 1년에 2-3회(춘하추
동)에 APS축구클럽에 소속해 있는 회원 분들의 모든 자제분이 주역입니다. ※정규멤버
나 대기선수 없습니다.

□ FAXでのお申込みの場合 팩스로 신청하실 경우

▷ お名前 성함 ▷ 年齢 연령・保育園 보육원 ・幼稚園 유치원 ・小学校 초
등학교

▷ お電話 전화 ▷ ご住所 주소

□ FAX・Emailは24時間受付 24시간 접수

▷ FAX: 045-532-5048 ▷ Mail: info@aps-sc.com

▷ APSサッカークラブ APS축구클럽 TEL: 0120-226-330 担当 담당 : 尾崎
오자키

※출처: APS神奈川サッカークラブ(2018)

□ 관련 단어

▷ サッカークラブ 축구클럽 | キッズコース 키즈 코스 | 入会特典 입회 특전
| 第一期生 제1기생 | ユニフォーム 유니폼 | 無料体験会 무료체험회 |
フットサル場 풋살 | 相模原スポーツガーデン 아이하라 스포트 가든 |
体験日時 체험 일시 | 日程 일정 | 裏面 뒷면 | 会場 축구장 | 時間帯 시

간대 | 幼児コース 유아코스 | 小学生高学年コース 초등학생 고학년 코스 |

小学生低学年コース 초등학생 저학년 코스 | メンバー募集地域 멤버 모집

지역 | 初心者大歓迎 초심자 대환영 | お月謝 월 회비 | 面倒なお茶当番

성가신 차 당번 | 練習の見学 연습의 견학 | お子様 자제분 | 幼稚園入園

前 유치원 입학 전 | 集団行動 집단행동 | チーム情報 팀 정보 | 事務局受

付 사무국 접수 | 簡単申込 간단히 신청 | お申込み番号 신청 번호

□ 地域 지역

日本松 니혼마쓰, 相原 아이하라, 町屋 마치야, 久保沢 구보사와, 若葉台 와카

바다이, 向原 무카이하라, 川尻 가와지리, 上九沢 가미쿠자와, 橋本台 하시모토

다이, 西橋本 니시하시모토, 東橋本 히가시하시모토

※ 출처: JSNサッカークラブ(2018)

32. 영어/수학/한자 학원 - 유아, 아동, 청소년

□ 英会話 영어회화 | できた!を育てる英会話 "해냈어!"를 키우는 영어회화

  ▷ 読めた!書けた!話せた!英検も! 읽어냈어! 쓸 수 있었어! 말할 수 있었어! 영어능력검정시험도!

  ▷ 学校の英語にも、イーオンキッズ。 학교영어에도 이온키즈

□ 受付中 접수중 | 無料体験レッスン受付中! イーオンこども英会話 무료체험 렛슨 접수중! 이온 어린이 영어회화

□ 一斉に 일제히 4月1日 | 全クラス一斉スタート! 전 클래스 일제히 스타트!

  ▷ 入学金無料＋早期申込特典で、4月スタート前までの準備レッスンプレゼント! 입학금 무료+조기 신청 특전으로 4월 스타트 전까지의 준비 레슨 선물! 早い申込がおトク! 빨리 신청하면 이득이에요!

  ▷ 無料体験レッスンは、お近くのイーオンで橋本校橋本駅北口正面 무료체험 레슨은 근처의 이온에서 하시모토 교 하시모토 역 북쪽 출입구 정면

□ 英語教育 영어교육 | イーオンキッズは新しい時代の英語教育に対応したカリキュラムや教材を提供します。 이온키즈는 새로운 시대의 영어교육에 대응한 커리큘럼과 교재를 제공합니다.

  ▷ 大きく変わる日本の英語教育に対応した年齢別プログラムだから英語力の伸びが違う! 크게 바뀌는 일본의 영어교육에 대응한 연령별 프로그램. 그래서

영어 힘의 성장이 다르다!

□ **NEWS** グローバル化が加速する学校教育現場。 뉴스 글로벌화가 가속하는
학교 교육현장

  ▷ 小学校3年〜4年→2020年度〜「外国語活動」として英語が正式導入 초
  등학교 3학년〜4학년→2020년도〜"외국어활동"으로서 영어가 정식으로 도입됩니다.

  ▷ 小学校5年〜6年→2020年度〜英語が「正式教科へ」 초등학교 5학년〜6학
  년→2020년도〜영어가 "정식과목으로"

  ▷ 中学校→2021年度〜英語の授業は基本的に英語で行われることに! 중
  학교→2021년도〜영어 수업은 기본적으로 영어로 행해지게 됩니다.

  ▷ 高校→2022年度〜英語で討論できるようにするなど、求められるレベ
  ルが高度に 고등학교→2022년도〜영어로 토론할 수 있도록 하는 등, 요구되는 레벨
  이 고도로 높아집니다.

  ▷ 大学入試→2020年度〜英語は英検などの民間試験の活用が決定 대학
  입시→2020년도〜영어는 영어검정 등의 민간시험 활용이 결정합니다.

□ ベビークラス- 週1回 月謝7,452円(税込) 週2回 月謝 12,744円(税込) 유
아반- 주1회 수업료 7,452 엔(세금포함) 주2회 수업료 12,744 엔(세금포함)

□ 1・2歳クラス- 大好きなパパやママの語りかけが英語への扉を開きます。
1・2세반- 아빠랑 엄마의 말 걸기가 영어로 향하는 문을 엽니다.

  ▷ 毎週自然な英語を繰り返し浴びることで、"Hello" "Thank you" など
  簡単な挨拶ができるようになります。 매주 자연스런 영어를 반복해서 듣는
  것으로 "Hello" "Thank you" 등 간단한 인사를 할 수 있게 됩니다.

  ▷ ABCソングなどの歌が歌えるようになります。 ママと一緒に安心して
  はじめられます! ABC송 등의 노래를 부를 수 있게 됩니다. 엄마와 함께 안심하고

시작할 수 있습니다!

□ 3歳クラス- 右脳が活発なこの時期、リズムに合わせて、体も一緒に動かしながら英語を覚えていきます。3세반– 우뇌가 활발해지는 이 시기, 리듬에 맞춰 몸도 함께 움직이면서 영어를 학습해 나갑니다.

▷ 吸収力が抜群のこの時期は、英語をスポンジのように吸収。英語の歌をそっくり覚えたり、"Book, Please"など、短いセンテンスが言えるようになります。흡수력이 발군인 이 시기는 영어를 스펀지처럼 흡수합니다. 영어의 노래를 그대로 암기하거나 "Book, Please" 등과 같이 짧은 문장을 말할 수 있게 됩니다.

□ 4・5歳クラス- 何でも自分でやってみたい時期!五感を使った体験型のレッスンで英語をぐんぐん吸収します。4・5세반– 무엇이든 스스로 해보고 싶은 시기입니다! 오감을 사용한 체험형 레슨으로 영어를 왕성하게 흡수합니다.

▷ 話したい意欲が生まれ、覚えたフレーズでパパやママと英語でおしゃべりも。말하고 싶은 의욕이 생기며 암기한 프레이즈로 아빠와 엄마와 영어로 잡담도 할 수 있게 됩니다.

▷ 日常で見かけるアルファベットの大文字を読もうとします。일상에서 보는 알파벳의 대문자를 읽으려고 합니다.

□ 6歳クラス- 右脳の働きが活発で、想像力がピーク。知的好奇心も芽生え、積極性がぐんぐん育ちます。6세반– 우뇌의 작용이 활발하고 상상력이 피크에 이릅니다. 지적 호기심도 싹트며 적극성이 왕성하게 자랍니다.

▷ "L" "R"の聞き分け、話し分けもできて、自然に発音を習得。"L" "R"의 구별(듣기, 말하기)도 가능하며 자연스럽게 발음을 습득합니다.

▷ 状況にあった会話ができるようになります。상황에 맞는 회화를 할 수 있게

됩니다.

▷ アルファベットの大文字小文字を自分の力で書けるようになります。
대문자와 소문자 알파벳을 스스로의 힘으로 쓸 수 있게 됩니다.

☐ 小学生クラス- 週1回 月謝8,640円(税込) 週2回 月謝 16,416円(税込) 초
등학생반- 주1회 수업료 8,640 엔(세금포함) 주2회 수업료 16,416 엔(세금포함)

☐ 1・2年クラス- たくさんの英語に触れ、間違いを気にせず「英語を学ぶ楽しさ」を育てていきます。 1・2학년 클래스- 많은 영어를 접촉하며 오류를 염려하지 않고 "영어를 배우는 즐거움"을 육성해갑니다.

▷ 聞いた英語を抵抗なく繰り返したり、英語をかたまりのまま受け入れることができます。 들은 영어를 저항 없이 반복하거나 영어를 덩어리 그대로 받아들일 수 있습니다.

▷ 家族や学校のことなどを習った単語や構文で話せるようになります。
가족이나 학교에서 있었던 일 등을 배운 단어나 구문으로 말할 수 있게 됩니다.

☐ 3・4年クラス- 高まる論理的思考力 「英語で伝えたい気持ち」を「学習意欲」につなげていきます。 3・4학년 클래스- 드높아지는 논리적 사고력 "영어로 전하고 싶은 기분"을 "학습의욕"으로 연결해 나갑니다.

▷ 与えられたテーマをクラスメイトと協力して発表するなど、問題解決能力やコミュニケーション力も身につきます。 부여된 주제를 클래스메이트와 협력하여 발표하는 등, 문제해결 능력과 커뮤니케이션 능력도 습득합니다.

▷ 英検4級合格に必要な英語力を養います。 영어검정 4급 합격에 필요한 영어능력을 배양합니다.

☐ 5・6年クラス- 言葉を分析的にとらえようとする時期。 チャレンジングな課題に積極的に取り組みます。 5・6학년 클래스- 말을 분석적으로 포착하려

고 하는 시기입니다. 도전적인 과제에 적극적으로 뛰어듭니다.

▷ 環境問題など高度なテーマを学習することで、より深い表現を話せるようになります。 환경문제 등 고도의 주제를 학습하는 것으로 보다 깊은 표현을 말할 수 있게 됩니다.

▷ 「自分で考える力」や「発表力」も養っていきます。 英検3級合格に必要な英語力も養います。 "스스로 생각하는 힘"과 "발표력"도 양성해 갑니다. 영어검정시험 3급 합격에 필요한 영어 능력도 배양합니다.

□ 中学生クラス- 週1回 月謝9,720円(税込)(週2回コースもあります) 중학생 클래스– 주1회 수업료 9,720 엔(세금포함)(주2회 코스도 있습니다)

▷ 1・2・3年生クラス- 高校や大学入試、英検2級で求められる4技能5領域の力を身につけていきます。 1・2・3학년 클래스– 고등학교나 대학입시, 영어 검정시험 2급에서 요구되는 4기능 5영역의 힘을 습득해 갑니다.

▷ 多聴・多読を通して大量の英語をインプットし、直読・直解する力を身につけていきます。 많이 듣기·많이 읽기를 통해 대량의 영어를 입력하고, 직독·직해하는 힘을 습득해 갑니다.

「受信力」「発信力」を伸ばし、人前で発表できるプレゼンテーション力を育成します。 "수신력" "발신력"을 신장하고 사람들 앞에서 발표할 수 있는 프리젠테이션 능력을 육성합니다.

▷ チームで話し合い、それをプレゼンテーション、ディベートなどで発表できるように! 팀으로 서로 이야기를 나누며 그것을 프레젠테이션, 디베이트 등으로 발표할 수 있도록 합니다!

※ 출처: イーオンこども英会話 橋本校(2019)

□ ECCジュニア 生徒募集中! 春の入学キャンペーン実施中! 幼児・小学生・中学生 ECC주니어 수강생 모집중! 춘계 입학 캠페인 실시중! 유아・초등학생・중학생

  ▷ まずは無料体験へ お近くの教室は裏面をご覧ください 우선은 무료체험을 해보세요. 댁 근처의 교실은 뒷면을 봐주세요.

□ 春の入学キャンペーン 2017年12月1日(金)〜2018年4月20日(金) 춘계 입학 캠페인

□ 無料体験レッスン参加された方 ECCジュニア オリジナル ディズニーキャラクターデザイン クリアファイル&ノートプレゼント 무료체험 레슨에 참가하신 분에게는 ECC주니어 오리지널 디즈니 캐릭터 디자인 클리어파일&노트를 선물로 드립니다.

□ 期間中、学習を開始された方 기간 중에 학습을 개시하신 분에게는

  ▷ 入学金 0円＋ECCジュニア オリジナル ディズニーキャラクターデザイン巾着リュック プレゼント 薄くて軽くて使いやすい! 입학금 0 엔＋ECC주니어 오리지널 디즈니 캐릭터 디자인. 주머니배낭을 선물로 드립니다. 얇고 가벼워서 사용하기 쉬워요!

□ ご入学された方から抽選で全国10都市開催! 입학하신 분께 추첨을 받아 전국 10개 도시 무료체험 레슨을 개최합니다!

  ▷ 1,000組2,000名様をディズニー・オン・アイス 2018へご招待! 1천쌍 2천명을 디즈니 온 아이스 2018로 초대를 합니다!

□ ECCが新学習法CLIL(クリル)を導入「覚える」から「考えて話す」英語へ ECC가 신 학습법 크릴을 도입 "암기하는 것"에서 "생각해서 말하는"영어로

□ 保護者 | 保護者のみなさまに聞きました!ECCジュニアが選ばれる理由 보호자 여러분들께 물었습니다! ECC주니어가 선택되는 이유

▷ 力がつく充実したカリキュラム 힘이 붙는 충실한 커리큘럼

▷ しっかり身につくオリジナル教材 확실히 몸에 붙는 오리지널 교재

▷ 年齢・目的に応じた豊富なコース 연령·목적에 따른 풍부한 코스

▷ ご近所だから通いやすい 근처에 있어서 다니기 쉽다

▷ 子どもの発達的特性を熟知した優秀な先生 아이들의 발달적 특성을 숙지한 우수한 강사진

□ 全国 전국 | 子ども英会話教室 教室数・生徒数全国 No.1 어린이 영어회화 교실 교실수·학생수 전국 넘버원

    ▷ 英語・英会話 年齢に応じた学習内容で、「聞く・話す・読む・書く」

    をバランスよく身につけます。영어·영어회화- 연령에 따른 학습내용으로 "듣기·말하기·읽기·쓰기"를 균형감 있게 습득합니다.

    ▷ デジタル・スタディー タブレットとTVモニターを使って、楽しく英語

    に慣れ親しみます。디지털 스터디- 태블릿과 텔레비전 모니터를 사용하여 즐겁게 영어에 친숙해집니다.

    ▷ 中学英語強化 중학영어 강화

    定期テストの成績アップや高校入試突破を目指します。정기시험 성적 향상과 고교입시 돌파를 지향합니다.

    ▷ 中学英語文法クラス 중학 영문법반

    個人のレベルで学習でき、総合的なレベルアップに役立ちます。개인 수준별로 학습이 가능하며 종합적인 실력향상에 도움이 됩니다.

    ▷ 英検対策 영어능력검정 대비

    音声ペンで楽しみながら、英検5級～2級の合格を目指します。음성 펜으로 즐기면서 영어 능력검정 5급～2급 합격을 지향합니다.

▷ さんすう・計算検定 산수・계산 검정

計算力を養成するとともに、計算検定合格を目指します。 계산능력을
양성함과 동시에 계산검정 합격을 지향합니다.

▷ 学ぼう! 算数中学・高校の「数学」につながる「自ら学ぶ力」を育みます。
배우자! 산수 중학・고교의 "수학"으로 연결되는 "자기주도학습력"을 배양합니다.

▷ 数学・思考力- 高校入試にも対応できる、数学的なものの見方を養成
します。 수학・사고력- 고교입시에도 대응할 수 있는, 수학의 관점을 양성합니다.

▷ 数学特別補強 수학 특별보강

個別指導中心の演習で理解不足を克服し、基礎力充実を図ります。
개별지도 중심의 연습으로 이해부족을 극복하고 기초력 충실을 도모합니다.

▷ かんじ・漢検- ことばの基礎を養成するとともに、漢検合格を目指し
ます。 한자・한자능력검정- 말의 기초를 양성함과 동시에 한자 능력검정 합격을 지
향합니다.

▷ すらすらマイプリント- 学校で学ぶ算・国・社の学力アップを目指しま
す。 술술 마이프린트- 학교에서 배우는 산수, 국어, 사회 학력 신장을 지향합니다.

▷ まなびのさんぽクラス- 就学前に、学びの土台となる知的好奇心を育
むクラスです。 배움의 산책 클래스- 취학 전에 배움의 토대가 되는 지적 호기심을
배양하는 반입니다.

▷ ECCブランチスクール- 大学入試から趣味まで、幅広いニーズに応える
高校生以上を対象にした英会話コースです。 ECC브런치스쿨-대학입시에서
취미까지 폭넓은 니즈에 부응하는 고교생 이상을 대상으로 한 영어회화 코스입니다.

▷ ECCプラチナクラブ- 先生や仲間との交流を楽しみながら、英会話と
「COOL JAPAN文化雑学」を学びます。 ECC플래티나클럽- 강사와 동료와의

교류를 즐기면서 영어회화와 "쿨재팬문화잡학"을 배웁니다.

☐ 無料体験レッスンのお申し込み、お問い合せはこちら 무료체험 레슨의 신청, 문의는 이쪽으로 해주세요.

☐ 連絡 연락 | レッスン中などで教室に連絡がつかない場合は下記でも受け付けています。 레슨중 교실로 연락이 닿지 않을 경우는 아래의 연락처로 접수를 받고 있습니다.

※ 출처: ECCジュニア橋本3丁目教室(2018)

☐ 관련 어휘

▷ おためしレッスン 실력 확인 레슨 | 高校生 고등학생 | 大学生 대학생 | 期間限定受付 기간 한정 접수 | 2万円割引 2만 엔 할인 | 申込締切 신청마감 | 日常英会話 일상 영어회화 | ビジネス英会話 비즈니스 영어회화 | 海外赴任 해외부임 | 海外出張 해외출장 | プレゼン 프리젠테이션 | TOEIC L&Rテスト対策 리스닝＆독해시험 대비 | 就職 취직 | 転職 전직 | 昇進 승진 | 昇格 승격 | 留学 유학 ・トラベル英会話 여행 영어회화 | 大学生のための英会話 대학생을 위한 영어회화 | 国際関係 국제관계 | 航空関係 항공관계 | 大学院留学 대학원 유학 | 語学留学 어학유학 | ホームステイ 홈스테이 | 高校生のための英会話 고교생을 위한 영어회화 | 音読トレーニング 음독 트레이닝 | 英単語 영어단어 | 構文練習帳 구문연습장 | 英語連想ゲーム 영어 연상게임 | 英文法穴埋め問題 영문법 빈칸 채우기 문제 | 英検 영어능력검정시험의 준말 | 学校の英語 학교에서 배우는 영어 | 入学金無料 입학금 무료 | 無料体験レッスン受付中 무료체험 레슨 접수중 | 全クラス一斉

スタート 전 클래스 일제히 스타트 | 早期申込み特典 조기신청 특전 | ベビークラス 영유아반 | 幼児クラス 유아반 | 3歳クラス 3세반 | 4・5歳クラス 4・5세반 | 6歳クラス 6세반 | 大学入試 대학입시 | 生徒募集中 학생 모집 중 | 無料体験 무료체험 | 春の入学キャンペーン 춘계 입학 캠페인 | 招待 초대 | 抽選 추첨 | 新学習法導入 새 학습법 도입 | 教材 교재 | 4技能 4기능(듣기/말하기/읽기/쓰기 기능) | 年齢別プログラム 연령별 프로그램 | グローバル化 글로벌화 | 英語力 영어능력 | 中学生 중학생 | 高校生 고등학생 | 英語教育 영어교육 | 受験英語 입시영어 | 親子説明会 학부모자녀 설명회 | 実施中 실시중 | 体験レッスン 체험 레슨 | チャレンジ 챌린지 | 学割 학생 할인의 준말 | ペア割 단짝 친구 할인 | 暗記 암기 | 資格 자격 | 大学入試 대학입시 | 中学生のコース例 중학생 코스 예 | 綜合コース 종합코스 | 会話＋文法 회화+문법 | 会話コース 회화 코스 | 外国人教師 외국인 강사 | 日本人教師 일본인 강사 | プライベートレッスン 개인레슨 | 高校生のコース例 고교생 코스 예 | はじめての英会話コース 처음 배우는 영어회화 코스 | 基礎＋実践総合英会話コース 기초＋실천종합 영어회화 코스 | 留学・ホームステイ準備コース 유학・홈스테이 준비 코스

33. 온천

□ 天然温泉 極楽湯 多摩センター店 천연온천 극락탕 다마센터점

□ 抽選会 추첨회 | バレンタイン特別企画 ガラポン抽選会 抽選券 발렌타인 특별기획 가라폰 추첨회

  ▷ 本券1枚につき1回抽選できます! 본 권 1장에 한해 1회 추첨이 가능합니다.

  ▷ 開催日 개최일 2018年2月17日(土)・18日(日)

  ▷ 開催時間 개최 시간 10:00~22:00

□ 極楽 극락 | 冬のお風呂は極楽です。겨울의 목욕은 극락입니다.

□ 館内施設 관내시설 | 湯上りも充実!リラクゼーションなどの充実した 館内施設でさらに癒しのひとときを。목욕 후도 충실! 휴식 등의 충실한 관내 시설에서 다시 한 번 치유의 한 때를 보내보세요.

□ 駐車場 주차장 | 天然温泉極楽湯 多摩センター店 042-357-8626 駐車場 170台・5時間無料 천연온천 극락탕 다마센터점 주차장 170대・5시간 무료

□ 使えば使うほど得するクーポン<切り取らずにお持ちください> 쓰면 쓸 수록 이득이 되는 쿠폰 〈절취하지 마시고 소지해주세요〉

□ 特別入館クーポン 특별입장 쿠폰

  ▷ 平日・土日祝 入館料550円 有効期間 2018年4月30日(月・祝)迄 평일・토일 축일 입관료 550 엔 유효기간 2018년 4월 30日(월・축일)까지

▷ 本券1枚で大人5名様までご利用いただけます。 본권 1장으로 성인 5분까지
　이용하실 수 있습니다.

▷ 現金にてお支払いください。 현금으로 지불해주세요.

▷ 切り離したクーポン及び割印がないクーポンは無効 절취한 쿠폰 및 할인
　표시가 없는 쿠폰은 무효입니다.

▷ このクーポンからご利用ください 이 쿠폰으로 이용해주십시오.

□ 営業時間 영업시간

▷ 平日/9:00~深夜 심야 2:00

▷ 土日/7:00~深夜2:00

▷ <最終入館受付>平日・土日ともに深夜1:20 〈최종입장 접수〉 평일·토일
　모두 심야 1:20

※ 출처: 天然温泉 極楽湯多摩センター店(2018)

34. 요양원 근무자 모집

□ ツクイ・サンシャイン町田西館・東館 説明会・面接会 쓰쿠이·선샤인 마치다
서관·동관 설명회·면접

　▷ 有料老人ホーム スタッフ 大募集!! 유료 노인요양원 근무자 대모집!!

□ 開催日 개최일 12/9(日)

　▷ 時間 시간/14:00～15:30

　▷ 会場 회장/ツクイ・サンシャイン町田東館 쓰쿠이 선샤인 마치다 동관

　　※ 選考をご希望の方は、説明会終了後に面接をいたします。 선고를
　　희망하시는 분은 설명회 종료 후에 면접을 합니다.

□ 福祉に・ずっと・まっすぐ ツクイ 복지에 일관되게 정직하게 쓰쿠이

　▷ ツクイ・サンシャイン町田西館・東館では新たに一緒に働く仲間を募集
　　しています。 쓰쿠이 선샤인 마치다 서관·동관에서는 새롭게 함께 일하실 동료를
　　모집하고 있습니다.

　▷ 実際に働いているスタッフと直接お話しして頂ける、説明会・面接会
　　を開催いたします。 실제로 일하고 있는 근무자와 직접 말씀을 나눌 수 있는 설명
　　회와 면접을 개최합니다.

　▷ ぜひお気軽にお越しください。施設見学もできます。 꼭 부담 없이 와주세
　　요. 시설 견학도 가능합니다.

☐ アクセス 오시는 길

▷ 13:30に多摩境駅西口ロータリーにシャトルバスの送迎_{そうげい}があります。お

車で直接ご来館いただくこともできます(事前にご連絡ください)。 13시

30분에 다마사카이 서쪽 출입구 로타리에 셔틀버스를 운영합니다. 자동차로 직접 내

관하시는 것도 가능합니다.

▷ シャトルバスで通勤できます! 셔틀버스로 통근이 가능합니다.

▷ 相模原駅・南大沢駅まで運行中! 사가미하라역・미나미오사와역까지 운행중!

☐ 新卒歓迎!未経験でも丁寧に指導いたします。 사회 초년생 환영! 미경험이라

도 정성껏 지도하겠습니다.

☐ お問い合わせ/ツクイ・サンシャイン町田西館・東館 문의/쓰쿠이 선샤인 마

치다 서관・동관

☐ ツクイ・サンシャイン町田東館・東館スタッフ募集要項 쓰쿠이・선샤인 마치다

동관・동관 근무자 모집 요강

▷ 介護職員(正社員・パート)- 入居者様に対して日常生活に必要な介助、

レクリエーションなど行っていただきます。 간병직원(정사원・파트)-입주자

분에 대해 일상생활에 필요한 도움, 레크리에이션 활동을 하시게 됩니다.

▷ 看護職員(正社員・パート)- 朝の体温、血圧、脈拍などのチェックやお

薬の管理など健康管理を行っていただきます。 간호직원(정사원・파트)- 아

침 체온, 혈압, 맥박 등의 체크나 약의 관리 등 건강관리를 하시게 됩니다.

▷ 栄養士 영양사・管理栄養士(正社員・パート)- 관리영양사(정사원・파트)-

献立の作成や食材の発注、お客様の健康状態の把握や厨房での調理

などを行っていただきます。 식단의 작성과 식재의 발주, 고객 건강상태 파악,

주방에서의 조리활동을 하시게 됩니다.

▷ 調理職員- お客様の健康状態、嗜好、食形態に合わせた調理を行っていただきます。 조리직원– 고객님의 건강상태, 기호, 식사 형태에 맞춘 조리

▷ 計画作成担当者(正社員・パート)- 必要な介護サービスを受けるためにケアプランの作成、健康状態の把握などをおこないます。 계획 작성 담당자(정사원・파트)–필요한 간병서비스를 받기 위해 케어 플랜의 작성, 건강상태 파악

▷ 環境員(パート)- 施設内の清潔を維持し、お客様に気持ちよくお過ごしいただくため、環境を整えるお仕事です。 환경원(파트)– 시설 내의 청결 유지, 고객님이 기분 좋게 지내시도록 환경을 정비하는 업무를 하시게 됩니다.

▷ ケアドライバー(パート)- 入居のお迎え・受診・外出などの送迎、買物、車の整備・掃除のほか館内外の清掃、環境整備も行っていただきます。 케어 드라이버(파트)– 입거 마중 및 배웅・수진・외출 등의 송영, 쇼핑, 차 정비・청소 외관 내외의 청소, 환경 정비

☐ どんどん頑張って管理職を目指したい! 열심히 해서 관리직을 지향하고 싶다!

▷ キャリアパス制度- 目標をもって仕事にのぞめるよう役職に応じた職務内容、スキルを明確にしたキャリアパス制度を導入しています。 경력 쌓기 제도 – 목표를 가지고 업무에 임할 수 있도록 직무에 따른 업무 내용, 스킬을 명확히 한 경력 쌓기 제도를 도입하고 있습니다.

▷ 本部長 본부장 | 施設長 시설장 | 副施設長 부시설장 | 係長 계장 | 主任 주임 | 副主任 부주임 | 一般 일반

☐ 働きながら介護の資格を取りたい。 일하면서 간병사 자격증을 취득하고 싶다.

▷ 未経験 미경험・無資格の場合 무자격의 경우 介護職員初任者研修の資格取得をお勧めします。 간병직원 초임자 연수의 자격취득을 권장합니다.

▷ 資格取得支援制度資格取得をすすめるため、以下の資格を取得した受験(受講)者には、受験料(全額)と祝_{いわ}い金_{きん}の支給_{しきゅう}を行う制度です。 자격 취득지원제도 자격취득을 권장하기 위해 이하의 자격을 취득한 수험(수강)자에게는 수험료(전액)과 축하금 지급을 행하는 제도입니다.

・社会福祉士_{しゃかいふくしし} 사회복지사
・主任介護支援専門員_{しゅにんかいごしえんせんもんいん} 주임 간병 지원 전문 직원
・介護福祉士_{かいごふくしし} 간병복지사
・安全衛生管理者_{あんぜんえいせいかんりしゃ} 안전 위생 관리자
・介護支援専門員_{かいごしえんせんもんいん} 간병 지원 전문 직원

▷ 合格または研修を修了した場合受験料全額＋祝い金_{じゅけんりょう} 합격 또는 연수를 수료한 경우 응시료 전액+축하금을 지원합니다.

□ 復職_{ふくしょく}したいけど…ブランクがあっても大丈夫? 복직하고 싶지만 … 공백이 있어도 괜찮은지?

▷ 充実の教育・研修 ツクイではブランクのある方の復職を応援_{おうえん}しています。 충실한 교육・연수 쓰쿠이에서는 공백이 있는 분의 복직을 응원하고 있습니다.

▷ 入社▷初期研修▷チューター制度▷専門職研修▷階層別_{かいそうべつ}研修▷管理者_{かんりしゃ}研修▷ツクイ大学 입사▷ 초기 연수 ▷ 튜터 제도 ▷ 전문직 연수 ▷ 계층별 연수 ▷ 관리자 연수 ▷ 쓰쿠이 대학

□ 現在子育_{こそだ}て中_{ちゅう}。自分のペースで働きたい。 현재 자녀 양육중. 자신의 페이스로 일하고 싶다.

▷ パートさんにも手厚_{てあつ}い福利厚生_{ふくりこうせい} 파트 직원에게도 두터운 복리후생

▷ 土日・祝は時給_{じきゅう}100円アップ 토 일요일・축일은 시급 100 엔 UP

▷ 母子・父子手当 모자·부자 수당 있음

▷ 勤務時間により社保加入 근무시간에 따라 사회보험 가입

▷ 勤務時間により有給あり 근무시간에 따라 유급 있음

▷ ツクイ独自の福利厚生制度ツクイ倶楽部 쓰쿠이 독자의 복리후생제도 쓰쿠이 클럽

□ ツクイの福利厚生制度 ツクイ倶楽部 쓰쿠이의 복리후생제도

▷ 結婚のお祝い 결혼 축의금

▷ 婚姻暦祝い金 혼인경력 축의금

▷ 宿泊費の補助 숙박비 보조

▷ 出産のお祝い 출산 축하

□ 正社員・パート共通待遇 정사원·파트 공통 대우

▷ 交通費支給 実費 5万円上限 교통비 지급 실비 5만 엔 상한

▷ 社保完備(パートは勤務時間による) 사회보장보험 완비(파트는 근무시간에 따름)

▷ 産前産後休暇、介護休暇、育児・介護休業取得実績あり 산전 산후 휴가, 간병 휴가, 육아·간병 휴업 취득 실적 있음

▷ 従業員持株会(パートは一部の方) 종업원 지주회(파트는 일부의 분에게만 해당)

▷ ツクイ倶楽部(ツクイ独自の福利厚生制度) 쓰쿠이클럽(쓰쿠이 독자 복리후생제도)

▷ 資格取得支援制度 자격취득지원제도 ユニホーム貸与 유니폼 대여 慶弔金 경조금

□ 正社員待遇 정사원 대우

▷ リフレッシュ休暇月1回 건강회복휴가 월 1회

▷ 年次有給休暇 연차 유급휴가

▷ 退職金 퇴직금

▷ 従業員持株会昇給 종업원 지주회 승급

▷ 確定拠出年金 확정거출연금

▷ 退職金あり(勤続年数3年以上)、昇給あり(年1回) 퇴직금 있음(근속 연수 3년 이상), 승급 있음(연 1회)

▷ 賞与あり 상여 있음 ※昇給・賞与は評価による。 승급・상여는 평가에 따름

▷ 扶養手当 부양수당 配偶者 배우자 10,000円 子ども1人につき5,000円 자녀 1인당 5천 엔 60歳以上の親1人につき5,000円 60세 이상의 부모 1인당 5천 엔

□ ツクイの福利厚生制度 ツクイ倶楽部 쓰쿠이 복리후생제도 쓰쿠이클럽

▷ ツクイ倶楽部は従業員とご家族の福利厚生を目的とした親睦会です。月々500円の会費と、会社からの補助で運営されています。慶弔金の給付や親睦行事など、良好な職場環境の形成に寄与しています。 쓰쿠이클럽은 종업원과 가족의 복리후생을 목적으로 한 친목회입니다. 매달 500 엔의 회비와 회사에서 나오는 보조금으로 운영되고 있습니다. 경조금의 급부나 친목행사 등 양호한 직장환경의 조성에 기여하고 있습니다.

□ お問い合わせはこちらまで 문의는 이쪽으로 ☎042-798-5012

※出典: ツクイ・サンシャイン町田東館(2018)

35. 욕실청소 대행

□ 浴室清掃| 面倒な浴室清掃は今がチャンス! 귀찮은 욕실청소는 지금이 찬스입니다!

▷ 日頃のご愛顧に感謝して超特価- キレイなお風呂であったまろ! 평소의 성원에 감사하여 초특가- 깨끗한 목욕조로 따뜻해지자!

□ 浴室バスタブ下清掃 욕실 욕조 아래 청소

▷ 手の届かない場所の汚れまで徹底除去!! 손이 닿지 않는 곳에 있는 오염까지 철저히 제거합니다!!

□ 汚れ 오염물질, 때| 見えない所にカビや汚れがたまってしまいます! 보이지 않는 곳에 곰팡이나 때가 쌓여 버립니다.

▷ 浴槽前面のエプロンカバーを外して、高圧洗浄で汚れ・カビ落とし! 욕조 전면의 앞가리개 카버를 벗기고 고압 세정으로 때와 곰팡이를 제거합니다!

▷ 作業時間 約60分 작업시간 약 60분

▷ OPTION 防カビはっ水コーティング4,500円(税抜) 옵션 곰팡이 방지 발수 코팅 4,500 엔(세금별도)

▷ キャンペーン特別価格- 通常価格 6,980円を4,980円(税抜) 캠페인 특별 가격 통상가격- 6,980 엔을 4,980 엔(세금별도)으로 해드립니다.

□ 浴室バスタブ下清掃と合わせて裏面の単品メニューをお申込み頂けると さらに今だけ!500円OFF!(税抜価格より) 욕실 욕조 아래 청소와 합쳐 뒷면 단품메뉴를 신청하시면 지금에 한해! 500 엔(세금별도 가격에서) 할인해 드립니다.

　　▷ 詳しくは裏面をご覧ください。 자세한 사항은 뒷면을 보아 주세요.

□ セットでお得なメニューが満載! 세트로 절약되는 메뉴가 만재해 있습니다!

　　▷ 追い焚きをすると湯垢が浮いてくる、溜めたお湯が臭う…。 재가열하면 물때가 뜬다거나 받아놓은 물이 냄새가 난다…

　　▷ その原因は風呂釜の配管汚れかもしれません! 그 원인은 욕조통의 배관에 들어 있는 오물일지도 모릅니다!

　　▷ 風呂釜配管洗浄 6,980円(税抜) 욕조통 배관 세정 6,980 엔(세금별도)

　　▷ 配管の雑菌やカビを徹底的に専用の機械で除去! 배관의 잡균이나 곰팡이를 철저하게 전용 기계로 제거합니다!

　　▷ この中には見えませんが雑菌や汚れがいっぱい!風呂釜配管 이 안에는 보이지 않습니다만 잡균이나 때가 가득차 있을 수도 있습니다! 욕조통 배관

□ 浴室バスルーム清掃 욕실 욕조 청소

　　▷ 浴室の壁・天井・扉・蛇口バスタブ表面 7,980円(税抜) 욕실 벽・천정・문・수도꼭지 욕조 표면 OPTION 防カビはっ水コーティング 5,500円(税抜) 옵션 곰팡이 방지 발수 코팅(세금별도)

□ レンジフード清掃 레인지 후드 청소

　　▷ 吸入口の金網・フード周り・シロッコファン 6,980円(税抜) 흡입구의 철망・후드 둘레・환풍기(세금별도) 防汚フッ素コーティング 3,500円(税抜) 오염 방지 불소 코팅

▷ エアコン清掃 内部アルミフィン・エアコンカバー 에어컨 청소 내부 알루미

늄 팬・에어컨 커버 壁掛け室内機 벽걸이 실내기 7,980円(税抜) 自動掃除機

能付 자동청소 기능 부착 15,800円(税抜) OPTION 防カビ・抗菌コー

ティング 2,200円(税抜) 옵션 곰팡이 방지・항균 코팅(세금별도)

☐ 特に汚れが気になる所のセットメニュー!! 특히 오염이 염려되는 곳의 세트 메

뉴!! 水廻り得々セット 30,000円(税抜) 作業時間 約4〜5時間 물을 사용

하는 곳 자신만만 세트 3만 엔(세금별도) 작업시간 약 4〜5시간

▷ レンジフードライト 렌지 후드등 6,980円(税抜)

▷ キッチンシンク 부엌 싱크대 4,980円(税抜)

▷ キッチンライト 주방등 4,400円(税抜)

▷ キッチン排水口 부엌 배수구 2,500円(税抜)

▷ トイレ 화장실 3,980円(税抜)

▷ 浴室ライト 욕실등 7,980円(税抜)

▷ タブ下ライト 욕조 하부등 6,980円(税抜)

▷ 浴室・鏡 거울・床 마루 3,700円(税抜)

☐ スペシャルコース 특별코스

▷ フッ素・防カビコーティングがセットになったワンランク上のコースで

す。43,000円(税抜) 불소・곰팡이 방지 코팅이 세트가 된 1단계 높은 코스입니다.

▷ フッ素コーティング 불소 코팅

レンジフード 렌지후드 3,500円(税抜) | キッチンシンク 부엌싱크 3,500

円(税抜)

▷ 防カビコーティング 곰팡이 방지 코팅

浴室 욕실 5,500円(税抜) | バスタブ下 욕조 아래 4,500円(税抜)

□ 安心の定額制 안심할 수 있는 정액제

▷ その他のお掃除箇所もお気軽にご相談ください! 駐車料金・出張料金は一切かかりません。 그 밖의 청소할 곳도 부담 없이 상담하세요! 주차요금·출장요금은 일절 받지 않습니다.

▷ また汚れ具合による追加料金もいただきません。
또 오염 정도에 따른 추가요금도 받지 않습니다.

□ 弊社希望受付期間 3/19(月)までの受付に限ります。 당사 희망 접수 기간 3월 19일(월)까지입니다.

□ お問い合わせ・お申込み レンタルアンドクリーニング 町田支店 문의·신청 렌탈 앤드 클리닝 마치다 지점 ☎0120-789-345 葛西- 一生懸命、作業させていただきます 가사이- 열심히 작업해드리겠습니다.

□ 관련 어휘

▷ 油汚れ落とし 기름때 제거 | ワークトップ(調理台) 조리대 | 排水口のヌメリ汚れ落とし 배수구의 점액 때 제거 | 便器 변기 | タンク表面の汚れ落とし 탱크 표면의 오염제거 | 浴室の壁 욕실 벽 | 天井 천정 | 扉 문 | 蛇口 수도꼭지 | 防汚フッ素コーティング 오염 방지 불소 코팅 | 防カビはっ水コーティング 곰팡이 방지 발수 코팅 | 鏡 거울 | 浴室床 욕실바닥 | カビ汚れ落とし 곰팡이 때 제거 | 浴室換気扇カバー汚れ落とし 욕실 환기팬 커버 때 제거 | フッ素コーティング 불소 코팅 | カビ落とし 곰팡이 제거

※출처: お問い合わせお申込み レンタルアンドクリーニング 町田支店(2019)

36. 유치원 입학

□ 遊び 놀이 | 毎月遊びにきませんか? 町田サレジオ幼稚園- お待ちしています! 매달 놀러오지 않을래요? 마치다 살레지오 유치원- 기다리고 있겠습니다!

□ 遊べる未就園児 우리 유치원에 다니면 충분히 잘 놀 수 있어요.

　▷ 2歳児こばと母子分離 2세아 코바토(일본만화 작품 중의 하나) 모자 분리 | 1歳児 エンジェルクラブ はじめての子育てママ応援! 1세아 엔젤 클럽 처음으로 양육하는 엄마 응원!

　▷ 2歳児コアラの日- 園児と保育体験! 2세아 코알라의 날- 원아와 보육체험!

　▷ 0~2歳児カンガルーひろば- 保育室解放!(申し込み不要) 0~2세아 캥거루 광장- 보육실 해방!(신청 불필요)

□ 園舎見学 유치원교실 견학 | 園舎見学はいつでも受け付けています。ただし行事等で御案内できない日もあります。 유치원교실 견학은 항상 접수하고 있습니다. 다만 행사 등으로 안내할 수 없는 날도 있습니다.

　▷ 季節の手形 계절의 손바닥 찍기・足形アート 발바닥 찍기 아트

　▷ ベビーマッサージ 베이비 마사지

　▷ 三世代の土曜ひろば 3세대의 토요 광장

　▷ 園庭開放 유치원 정원 개방

□ 申し込み 신청 | 各種、お問い合わせ・お申し込みはお電話にて! 각종, 문의·신청은 전화로!

□ 概要 개요 サレジオ教育グループのカトリックミッションスクール。自然が多い南多摩の恵まれた環境のなかで子どもたちの「明るい心」「親切な心」「正直な心」を育てます。 살레지오 교육 그룹의 가톨릭 미션 스쿨. 풍요로운 자연 속의 미나미타마의 은혜로운 환경 속에서 아이들의 밝은 마음, 친절한 마음, 정직한 마음을 배양합니다.

□ 四季の節句行事 4계절 명절 행사

　▷ こどもの日 어린이날 | 七夕 칠월칠석 | 節分 절분 | 雛祭他 히나마쓰리 기타

□ 文化の伝統行事 문화의 전통행사

　▷ 七五三 시치고상 | お餅つき他 떡방아 찧기 기타

□ カトリック行事 가톨릭 행사

　▷ 聖母祭 성모님 축제 | クリスマス発表会他 크리스마스 발표회 기타

□ その他 기타

　▷ サレジオフェスティバル、お誕生会(毎月)、防災訓練(毎月)他 살레지오 페스티발, 생일축하회(매달), 방재훈련(매달) 그 밖

□ 1日の流れ 1일의 흐름

　▷ 登園 등원 | お祈り 기도 | 午前の活動 오전활동

　▷ 自由(外)遊び 자유(외부)놀이 | 昼食 점심식사

　▷ 午後の活動 오후활동 | 自由(外)遊び 자유(외부)놀이

　▷ お祈り(ご挨拶) 기도(인사) | 降園 유치원에서 집으로 귀가함

☐ 制服 제복

  ▷ 夏服(なつふく) 하복 | 冬服(ふゆふく) 동복

☐ 給食(きゅうしょく)- サレジオ高専(こうせん)の食堂で作ったお食事(しょくじ)が届(とど)きます。 급식- 살레지오 고등전문학교 식당에서 만든 식사가 배달됩니다.

☐ バス3台で運行中 버스 3대로 운행중

☐ 施設建物(しせつたてもの)-木造2階建(もくぞうにかいだて)の保育棟(ほいくとう)と遊戯棟(ゆうぎとう)(耐振性能等級(たいしんせいのうとうきゅう)2)、学校110番、24H換気(かんき)システム 시설건물- 목조 2층 건물의 보육동과 유희동(내진성능등급2), 학교 110번, 24시간 환기 시스템

☐ 園庭(えんてい) 유치원 정원

  ▷ 人工芝(じんこうしば) 인공잔디 | 砂場(すなば)(大腸菌(だいちょうきん)など定期検査実施)、総合遊具他(ゆうぐ)、水あそび 모래사장(대장균 등 정기검사 실시), 종합 놀이기구 외, 물놀이

☐ 畑(はたけ)(園庭・園外) 밭(유치원 정원·원외)

  ▷ じゃがいも 감자 | だいこん 무 | サツマイモ掘(ほ)り 고구마캐기

☐ 図書(としょ)- 絵本(えほん)など3000冊。在園児(ざいえんじ)とご家族へ貸(か)し出(だ)します。 도서- 그림책 등 3천권, 유치원 재학생과 가족에게 대여합니다.

☐ 園外散歩(えんがいさんぽ)- みんなで季節を感じる近隣(きんりん)の公園へお散歩に出(で)かけます。 원외 산책- 모두 계절을 느끼는 근처 공원으로 산책하러 나갑니다.

☐ 宗教(しゅうきょう)- 神父様(しんぷさま)から神様(かみさま)のお話を聞き、感謝の気持ちを育みます。 毎月 종교- 신부님으로부터 하느님의 말씀을 듣고 감사의 기분을 배양합니다. 매달

☐ 英語- サレジオ高専非常勤講師(ひじょうきんこうし)ポール先生。隔週(かくしゅう) 영어 살레지오 고등전문 시간강사 폴 선생님. 격주

☐ 絵画造形(かいがぞうけい) 회화 조형

▷　手作り教材　수제 교재 ｜ アイデア一杯のサレジオ高専元教授小西先生。毎月 아이디어가 가득한 살레지오 고등전문 전 교수 고니시 선생님.

□ 体操- 総合体育研究所の元気なお兄さん先生。毎週 체조- 종합체육연구소의 건강한 오빠(형) 선생님, 매주

□ 課外クラブ

　　　▷　英語 영어 ｜ 絵画造形 회화 조형 ｜ 体操 체조

　　　▷　サッカー 축구 ｜ チアダンス 치어댄스 ｜ サレジオクラブ 살레지오클럽

□ 未就園児クラス 미취아원 클래스

　　　▷　こばと(母子分離) 코바토(모자 분리) ｜ カンガルー(親子参加) 캥거루(부모 참가) ｜ エンジェル(親子参加) 엔젤(부모 참가)

□ 預かり保育 ※行事日等はなし 맡아주는 보육- 행사일정은 없음

　　　▷　朝8時から保育開始まで 아침 8시부터 보육 개시까지

　　　▷　保育終了後から夕方6時まで 보육 종료 후부터 저녁 6시까지

　　　▷　春と冬休みは1週間程度 봄과 겨울방학은 1주일 정도

　　　▷　夏休みは4週間程度 여름방학은 4주간 정도

□ 学校法人山崎学園小山白ゆり幼稚園 학교법인 야마자키 학원 고야마 시라유리 유치원

□ プレ保育体験・説明会のご案内 예비보육체험・설명회 안내

　　　▷　当園は自然に恵まれた相模原小山エリアにある幼稚園型『認定こども園』です。본 유치원은 자연이 풍부한 사가미하라 작은 산 지역에 있는 유치원형 "인가 어린이 유치원"입니다.

　　　▷　就学前のお子さんへの幼児教育・保育を提供し地域における子育て支

援を実施しています。 취학 전 자제분에 대한 유아교육·보육을 제공하고 지역에 있어 양육지원을 실시하고 있습니다.

▷ 2歳児・3歳児には週1回〜3回までのクラスを選ぶ事ができ、充実の教員体制・指導カリキュラムにてお子様の成長をサポートしています。 2세아·3세아에게는 주1회~3회까지의 클래스를 선택할 수 있으며, 충실한 교육체재·지도 커리큘럼에서 자제분의 성장을 지원하고 있습니다.

▷ 基本的には親子で参加する体験プレ保育ですが、お子様だけでのご参加もOKです。 기본적으로는 부모님과 자녀가 함께 참가하는 체험예비보육입니다만, 자녀분만 참가할 수도 있습니다.

▷ 次年度入園対象児とその保護者の皆様に是非ご参加いただきたく思います。 차년도 유치원 입학 대상아와 그 보호자 여러분도 꼭 참가를 부탁드립니다.

☐ 【プレ保育体験】歌・リズム遊び・制作などを体験して頂きます。
【예비 보육체험】 노래·리듬놀이·제작 등을 체험합니다.

▷ 親子室内用靴・外靴を入れる袋・筆記用具をご持参ください。
부모와 자녀 실내화를 넣는 주머니와 필기용구를 지참해 주세요.

☐ 【プレ保育入会説明会】プレ保育に関する詳細をお話させていただきます。
【예비보육입회설명회】 예비보육에 관한 상세를 설명합니다.

▷ 上履き・外靴を入れる袋・筆記用具をご持参ください。
실내화·실외화를 넣는 주머니와 필기용구를 지참해주세요.

☐ 募集人数- 2歳児クラス 35名 3歳児クラス 10名 모집 인원- 2세아 클래스 35명 3세아 반 10명

▷ お電話にてお申し込みください 전화로 신청해주세요.

▷ 登園・降園送迎バスもございます。 통학버스도 있습니다.

□ ご参加お申込み・お問い合わせは042-773-8241まで 참가신청·문의는 042-
773-8241번으로 해 주세요.

▷ 受付: 平日 9:00〜16:00 접수: 평일 9:00〜16:00

▷ お気軽にお問い合わせください 부담 없이 문의해 주세요.

□ 幼稚園見学・未就園児クラスの見学も随時受付中です!! 유치원견학·미취원
아 클래스 견학도 수시 접수중입니다!!

※ 출처: 小山白ゆり幼稚園(2019)

37. 음악교실

□ ヤマハ音楽教室 春の入会受付中 야마하 음악교실 춘계 입회 접수중

　▷ Power of Music たのしいが、いちばん、身につく 음악의 힘 즐거움이 가장 먼저 몸에 밴다

□ 無料体験レッスン実施中 무료체험 레슨 실시중

　▷ ケロポンズのかみしばいシール プレゼント! 케로폰즈(일본의 아동용 음악 및 체조를 만드는 제작회사 이름) 그림연극 실 선물

　▷ ボーダーバックご入会でプレゼント! 입회하시면 보다백을 선물로 드립니다!

□ ヤマノミュージックセンター橋本 야마노 뮤직센터 하시모토

　▷ 体験レッスン・ご入会のお問い合わせはこちらまで! 체험레슨・입회 문의는 이쪽으로 연락주세요!

□ プップルくらぶドレミらんど♪♪ 풋푸루 클럽 도레미 랜드♪♪

　▷ 1歳からのらっきークラス 1세부터 럭키반

　▷ 2歳からのぷっぷるクラス 2세부터 풋푸루반

　▷ 3歳児のためのおんがくなかよしコース 3세 아동을 위한 음악 사이좋게 코스

　▷ 4・5歳のための幼児科 4・5세를 위한 유아과

　▷ 小学1・2・3年生のためのジュニアスクールギターコース 초등학교 1,2,3 학년을 위한 주니어스쿨 기타 코스

□ ヤマハウェルネスプログラム- 健康と歌 야마하 심신 건강 프로그램- 건강과 노래

▷ 声を出し、歌うことを体感して心身のリラックスを促します。
소리를 내고 노래 부르기를 체감하며 심신의 편안함을 촉진합니다.

□ 大人のピアニカ 성인 피아니카(건반 하모니카)

▷ 子どもの楽器にしておくにはもったいない! 아이들의 악기로 치부하기에는 너무 아깝다!

□ クラシックピアノ 클래식 피아노

▷ 全く譜面が読めない方から経験者の方まで、レベルに応じたレッスンを行います。 악보를 전혀 읽지 못하시는 분부터 경험자분까지 레벨에 맞는 레슨을 행합니다.

□ ヴァイオリン 바이올린

▷ ヴァイオリンの魅力をたっぷり味わえます。 바이올린의 매력을 마음껏 맛볼 수 있습니다.

□ 音楽やろうよ! 음악을 하자!

▷ きっと見つかるあなたのレッスン-まずは無料体験レッスンへ 틀림없이 당신의 눈에 띌 레슨- 우선은 무료체험 레슨을 받아보세요.

□ 春の入会キャンペーン実施中 춘계 입회 캠페인 실시중

▷ 入会金半額 10,000円→5,000円 입회금 반액

□ あなたのはじめたいをサポートします! 당신의 시작하시고 싶은 마음을 지원합니다!

▷ 無料体験レッスンで初めての方も安心 무료체험레슨으로 처음 배우시는 분도 안심하실 수 있습니다.

▷ 楽器無料貸出しで手ぶらでレッスン 악기를 무료로 빌려드리므로 빈손으로 오

셔도 레슨을 받으실 수 있습니다.

▷ 充実した講師陣による安心と信頼のレッスン 충실한 강사진에 의한 안심하고 신뢰할 수 있는 레슨

☐ 歌って踊れる青春ポップスヤマハの教室でカラオケ以上、レッスン未満 新しい歌の楽しみ方! 노래 부르며 춤출 수 있는 청순 팝 야마하교실에서 가라오케 이상, 레슨 이하의 새로운 노래 즐기는 법!

▷ 楽譜なしで楽しめるオリジナル映像 악보 없이 배울 수 있는 오리지널 영상

▷ 簡単なハモリやステップ 간단한 화음이나 단계

▷ みんなと一緒に和気あいあい 모두와 함께 화기애애

▷ 経験豊かな講師がサポート 경험 풍부한 강사가 지도

☐ レパートリ 레파토리

▷ 心の旅 마음의 여정 | 恋のバカンス 사랑의 바캉스 | また逢う日まで 또 만날 그날까지

▷ 待つわ 기다리겠어요 | 恋の季節 사랑의 계절 | 青春時代 청춘시대

▷ 卒業写真 졸업사진 | あの時君は若かった 그때 넌 젊었었지

☐ 鍵盤楽器 건반악기

▷ クラシックピアノ 클래식피아노 | ジャズピアノ 재즈피아노 | ポップスタイルピアノ 팝스타일 피아노 | はじめてピアノ 처음 배우는 피아노

▷ 大人のピアノ 어른이 배우는 피아노 | エレクトーン 엘렉톤 | 大人のピアニカ 어른을 위한 피아니카

☐ ギター/ベース 기타/베이스

▷ アコースティックギター 어코스틱 기타 | エレキギター 일렉기타 | ウクレ

ㄴ　ウクレレ 우쿨렐레

□　管楽器<ruby>かんがっき</ruby> 관악기

　　　⊫　フルート 플루트 | サックス 색소폰

□　弦楽器<ruby>げんがっき</ruby> 현악기

　　　⊫　クラシックヴァイオリン 클래식 바이올린

□　ヴォーカル 보컬

　　　⊫　青春ポップス 청춘가요

□　ウェルネス 심신 건강

　　　⊫　健康と歌 건강과 노래

□　和楽器<ruby>わがっき</ruby>/民族楽器<ruby>みんぞく</ruby> 전통악기/민족악기

　　　⊫　沖縄三線<ruby>おきなわさんせん</ruby> 오키나와 샤미센

□　アンサンブル 앙상블

　　　⊫　フルートアンサンブル 플루트 앙상블 | オカリナアンサンブル 오카리나 앙

　　　상블

□　その他 그 밖

　　　⊫　オカリナ 오카리나 | ソルフェージュ 솔페즈

□　お子さま向け 어린이 대상

　　　⊫　ヤマハ音楽教室 야마하음악교실 | ヴァイオリン 바이올린 | ピアノ 피아노 |

　　　ギター 기타 | エレクトーン 엘렉톤

※ 출처: ヤマハ音楽教室(2019)

148 일본어 생활광고문의 이해

38. 이삿짐센터

□ 引越 チラシご覧の方 30%OFF!! 이사 전단지 보신 분 30% 할인

□ ライフ引越サービスならいろんなうれしい特典が付いています。 라이프 이삿짐 서비스라면 다양한 기쁜 특전이 있습니다.

□ エアコン脱着工事、エアコン工事のみもOK 에어컨 탈착공사, 에어컨 공사만이라도 가능합니다.

□ ダンボール最大70個サービス 골판지 상자 최대 70개까지 서비스해 드립니다.

□ お荷物の一時保管 이삿짐의 일시보관

□ 無料レンタル ハンガーBOX最大6個 布団袋最大3枚 무료 렌탈 옷걸이 박스 최대 6개 이불주머니 최대 3매

□ オプション3,000円分無料サービス 옵션 3천 엔 분 무료 서비스

□ 家財事故0キャンペーン実施中 가재도구 사고 제로 캠페인 실시중

□ お見積りご相談無料 견적상담 무료

□ 安心してお電話ください 안심하고 전화주세요.

□ お電話で概算お見積をお出しできます。 전화로 개산 및 견적을 내드립니다.

□ エコな引越は下記のプランよりお選び下さい。 친환경적인 이사는 아래의 플랜에서 선택해주세요.

☐ 学生さん単身者向き 学생분 단신자용 ¥20,000〜 作業員1名 작업원 1명

☐ 小家族向き 소가족용 ¥28,000〜 作業員2名 작업원 2명

☐ 大家族向き 대가족용 ¥56,000〜 作業員3名 작업원 3명

☐ 年中無休 受付時間/8:30〜21:00 연중무휴 접수시간

☐ 低価格で勝負!! 21時迄受付中! このチラシご覧の方最大30%OFF!! 저가
격으로 승부!! 21시까지 접수중! 이 전단지 보신 분 최대 30% 할인!!

☐ 家族の笑顔と、夢のせて。GOGOGO!! 가족의 미소와 꿈을 실어서. 고고고!

☐ ファミリーなら特典がいっぱい! 패밀리라면 특전이 아주 많습니다!!

☐ 新生活応援キャンペーン中 새 생활 응원 캠페인중

☐ ご相談見積無料 お好きなプランで 상담견적 무료 좋아하시는 플랜으로…

☐ シングルプラン(学生さん・独身者向き)21,000円より(税別) 싱글플랜(학생
분, 단신자용) 21,000 엔부터(세금별도)

☐ カップルプラン(小家族向き)29,000円より(税別) 커플 플랜(소가족용) 29,000
엔부터(세금별도)

☐ ファミリープラン(大家族向き)57,000円より(税別) 패밀리 플랜(대가족용) 57,000
엔부터(세금별도)

☐ 北海道・東北・大阪・九州・海外への引越も格安で承ります
홋카이도, 도호쿠, 오사카, 규슈, 해외로 가는 이사도 저렴하게 접수합니다.

☐ うれしい! 引越特典キャンペーン実施中! 기쁘다! 이삿짐 특전 캠페인 실시중!

☐ ファミリー引越センターはJリーグの浦和レッズオフィシャルパートナー
です。 패밀리 이삿짐센터는 J리그 우라와 레즈오피셜 파트너입니다.

□ 通話料無料のフリーコール 0120-50-5555 통화료 무료인 프리콜

※출처: ファミリー引越センターのチラシ(2018)

□ 引越と片付同時にすると… 이삿짐과 정돈을 동시에 하면

  ▷ まとめて安心 ダンゼンお得 일괄해서 안심, 단연히 비용 절감

  ▷ 猫の手もいらないニャン 고양이 손도 빌릴 필요 없어냥(다른 일손은 전혀 필요 없어요)

□ 下記のお引越プランといっしょに、不用品のお片付けもセットにすると、さらに便利でお得になります! 아래의 이사 계획과 함께 쓰지 않는 물건의 정돈도 세트로 하면 더욱더 편리하고 비용이 절감됩니다.

  ▷ ちょっぴりプラン- 軽トラックまで学生さん、単身の方向け 26,000円より 소량 플랜– 경트럭까지 학생분, 단신부임자용 26,000 엔부터

  ▷ シングルプラン 1R~1DK ワンルーム、小家族の方向け 31,000円より 싱글 플랜– 원룸 소가족분용 31,000 엔부터

  ▷ カップルプラン- 1DK~2DK 小家族の方向け 42,000円より 커플 플랜– 소가족분용 42,000 엔부터

  ▷ シニアプラン- 施設へのお引越 13,000円より 시니어 플랜– 시설로 이사 13,000 엔부터

□ 壊れ易い食器、小物は女性スタッフが丁寧に 파손되기 쉬운 식기, 소품은 여성 직원이 정성껏 처리해 드립니다.

□ あると便利な無料レンタルグッズ 있으면 편리한 무료렌탈 상품

□ 建物を傷つけないようにしっかり養生 건물을 훼손하지 않도록 철저히 양생

□ 2階の大きな荷物もまかせてください 2층의 큰 짐도 맡겨주세요.

□ エアコン脱着もうけたまわります 에어컨 탈착도 신청 받습니다.

□ 熟練の専門家による引越し・荷運び 숙련 전문가에 의한 이사, 짐 운반

   ▷ 引越に伴う処分 이사에 따른 처분

   ▷ 処分に伴う清掃 처분에 따른 청소

   ▷ 小さな引越 작은 이사

   ▷ 遺品整理 유품정리

   ▷ ゴミ屋敷 쓰레기로 넘치는 집

   ▷ 家財やお部屋の整理整頓 가재도구와 방의 정리정돈

   ▷ 分別作業 분별작업

   ▷ 明渡しに便利!水回りのお掃除 가재도구 처분에 편리! 수도나 싱크대 부근 청소

□ お気軽にお電話ください 0120-665-324 부담 없이 전화주세요.

□ 不用品片付回収 쓰지 않는 물건 정돈 회수

   ▷ 未分別のままでもOKですよ! 분별하지 않은 채라도 괜찮습니다.

   ▷ お客さまの気もちを大切におかたづけいたします。 고객님의 기분을 소중히

      여기면서 정돈해드립니다.

   ▷ キレイ! サッパリ! スッキリ! 깨끗하다! 상쾌하다! 말끔하다!

□ 見積無料即日対応 견적무료 당일 즉시 대응

   ▷ お部屋まるごと回収・片付 방 몽땅 회수・정리

   ▷ 汚部屋 쓰레기방

▷ ゴミの撤去 쓰레기 철거

▷ エアコン脱着 에어컨 탈착・処分 처분

▷ 遺品整理 유품정리

▷ お風呂掃除 욕조청소

▷ 機密文書の裁断処理 기밀문서의 재단 처리

▷ トイレ掃除 화장실 청소

▷ ベランダ片付 베란다 정리

▷ お庭片付 마당 정리

▷ 撤去時の処分- 引越とまとめてのご依頼なら大変便利で割安 철거 시 처분- 이사와 일괄해서 의뢰하시면 매우 편리하고 비용이 절감됩니다.

▷ ハウスクリーニング- しつこい水垢、カビや黒ずみも丁寧で確かな仕事でスッキリです。お片付けの仕上げにぜひお任せください! 하우스 클리닝- 집요한 물때, 곰팡이나 검은 때도 정성스럽게 분명하게 말끔히 처리해 드립니다. 마무리 정돈도 꼭 맡겨주세요!

▷ 庭の手入れ・除草 정원의 손질・제초

☐ 施設入居のためのお手伝い 시설 입거를 위한 보조

▷ 身の回りの整理・片付 신변정리・정돈

▷ 引越の準備・清掃 이사 준비・청소

▷ 不用品処分とお引越しでさらにお得 쓰지 않는 물건 처분과 이사와 함께라면 더더욱 비용이 절감됩니다.

▷ 高齢者割引あります。 고령자 할인 있습니다.

☐ 携帯・PHSからもOK! 0120-665-324 핸드폰・PHS로도 가능합니다!

▷ 受付時間 9時～19時　どんなことでもお気軽にお問い合わせください

접수 시간 9시～19시 어떤 것이라도 부담 없이 문의하세요.

※출처: クリーン・ベア(2019)

□ 그 밖의 관련 어휘

▷ お値引 가격 할인 | 格安 가격 할인 | 長距離チャーター便 장거리 전세편 |

ピアノ運搬 피아노 운반 | クリーン作業 청소 작업 | 梱包 짐 싸서 꾸림 |

各種電気工事 각종 전기공사 | マイカー・バイク輸送 자가용·바이크 수송

| 通話料無料 통화료 무료 | 特別情報満載 특별정보 만재 | 引越追加料金

이사 추가요금 | 一戸建て 단독주택

※출처: ライフ引越サービス(2018)

39. 자동차 판매대리점

☐ トヨタカローラ神奈川橋本店 도요타 카로라 가나가와 하시모토점

  ▷ お車のことはもちろん、色々なお話を聞かせてください。 자동차는 물론
    다른 여러 이야기도 들려주세요.

  ▷ 50年の歴史を持つカローラが安全性を更に加え、新登場。 50년의 역사
    를 가진 카로라가 안전성을 더해 새로 등장했습니다.

  ▷ トヨタセーフティセンサーに加え、ソナーセンサー装備生まれ変わりま
    した。 도요타 안전 센서에 더해 소나센서를 장착하여 새로이 태어났습니다.

  ▷ 是非一度ショールームへ見に来てください。 꼭 한 번 전시장으로 방문해주
    세요.

☐ 今月のオススメ車ラインナップ 이번 달 권장 자동차 라인업

  ▷ COROLLA AXIO 車両本体価格 차량 본체가격 1,505,520円

  ▷ COROLLA FIELDER 車両本体価格 차량 본체가격 1,759,000円

  ▷ PASSO 車両本体価格 차량 본체가격 1,115,200円

☐ ご愛車の車検・点検はお近くのトヨタカローラ神奈川へ 자가용 차검・점검
  은 근처의 토요타 카로라 가나가와에 맡겨주세요.

  ▷ 日曜・祝日もオープンしています 일요일・축일도 오픈하고 있습니다.

□ トヨタカローラ神奈川の車検ではご入庫いただいた方にスマートキーorワ

イヤレスキー電池交換サービス実施中 토요타 카로라 가나가와의 자동차검사에

서는 입고해 주신 분에게 스마트키 또는 무선 키 전지 교환서비스 실시중

　▷ 無料電池交換- 電池交換サービスは1個までとさせていただきます。무

　　료 전지교환– 전지교환 서비스는 1개까지만 해 드립니다.

　▷ メーカー、年式によっては対応できない場合もございます。메이커, 연

　　식에 따라서는 대응할 수 없는 경우도 있습니다.

□ くわしい車検のご案内はコチラから 자세한 자동차검사 안내는 이쪽에서

□ スタッフ一同、ご来店お待ちしております 직원 일동, 방문을 기다리고 있습니다.

※ 출처: トヨタカローラ神奈川橋本店(2018)

40. 자민당 의정활동 보고

□ 内閣府副大臣・衆議院議員 あかま二郎 내각부 부대신·중의원의원 아카마 지로

□ 市内19校エアコン設置!! 시내 19개교 에어컨 설치!

□ 予算確保において「国と相模原市のパイプ役」果たす。 예산확보에 있어 "국가와 사가미하라 시의 교량자 역할"을 완수하다.

　▷ 文部科学副大臣へ直談判 문부과학부 대신에게 직접 담판을 하다

　▷ 小学校の約6割エアコン未設置 초등학교 약 6할 에어컨 미설치

　▷ 小学校の夏休み短縮も踏まえ 초등학교 여름방학 단축도 포함하여

　▷ 未設置の小学校26も全力 (에어컨) 미설치 초등학교 26개교도 전력을 기울임

□ 内閣府 クールジャパン戦略担当副大臣 あかま二郎 내각부 쿨재팬 전략 담당부대신(우리나라의 장관에 해당) 아카마 지로

　▷ クールジャパン戦略で「日本」を売り込め!! 쿨재팬 전략으로 일본을 알려라!

　▷ クールジャパンとは、日本のアニメ、観光地、食文化、伝統芸能、さらには地域の特産品など「外国人がクール(カッコいい)と思う日本の魅力」のこと。情報発信→海外展開→訪日外国人増加→経済成長を実現 쿨 재팬이란 일본의 애니메이션, 관광지, 음식문화, 전통예능, 나아가 지역특산품 등 "외국인이 쿨(멋있다)하다고 생각하는 일본의 매력"을 알리는 운동을 말합니다. 정보발산→해외전개→방일 외국인 증가→경제성장을 실현

□ 그 밖의 관련 단어

▷ 補正予算編成 보정 예산 편성 | 教育部局幹部 교육부국 간부 | 小中学校普通教室 초등학교 보통교실 | 空調設備 에어컨디셔닝 설비 | 設置工事 설치공사 | 校舎 학교건물 | 大規模 대규모 | 改造工事 개조공사 | 学校施設整備 학교시설 정비 | 国の応援 국가의 응원 | エアコン未設置 에어컨 미설치 | 横須賀市 요코스카 시 | 相模原市 사가미하라 시 | 設置率 설치율 | 夏休み短縮 여름방학 단축 | 新学期指導要領 신학기 지도요령 | 教育カリキュラム 교육 커리큘럼 | 全面実施 전면실시 | 授業時間の確保 수업시간의 확보 | 蒸し暑い教室 무더운 교실 | 国庫補助 국고보조 | 地震補強 지진 보강 | トイレ改修 화장실 개조 및 수리 | 老巧化対策 노후화 대책 | 情報通信技術 정보통신기술 | コンテンツ教育学会 컨텐츠 교육학회 | 理事長 이사장

※ 출처: 自民党Lib Dems自由民主 衆議院議員 あかま二郎特集号(2019)

41. 자전거보험

□ 保障^{ほしょう} 보장 | 自転車に乗る方へおすすめの保障^{ほしょう} 자전거를 타시는 분에게 권장하는 보장

□ コープ共済の<たすけあい> 코프 공제의 〈서로 돕기〉

□ コープ共済<たすけあい>って? 코프 공제 〈서로 돕기〉가 뭐죠?

  ▷ 月々1,000円～の手頃な掛金 매달 1천 엔～의 적당한 부금

  ▷ 入院・ケガ通院1日目から保障 입원·부상 통원 첫날부터 보장

  ▷ 入院をともなわない日帰り手術からOK 입원을 수반하지 않는 당일 수술부터 가능

  ▷ 例えば自転車に乗っていたところ、転んですり傷をおって入院した。 예를 들면 자전거를 타던 중에 넘어져서 찰과상을 입고 입원하였다.

□ 個人賠償責任保険 개인배상 책임보험

  ▷ 他人にケガをさせてしまったときのための保障! 타인에게 부상을 입히고 말았을 때를 위한 보장!

  ▷ 1世帯の1人が加入すれば家族全員保障 1세대 1인이 가입하면 가족 전원 보장

□ 本当にあった!!自転車事故に高額損害事例! 정말로 있었다! 자전거 사고에 고액 손해 사례

▷ 中学生が、自転車同士で接触し、後遺障害をおわせてしまった。중학생이 자전거끼리 접촉하여 후유장해를 입히고 말았다.

□ コープ共済にはパパ・ママ向け・こども向け・シニア向け、がんや終身の保障など、ニーズに合った商品をご用意しております。詳しくはパンフレットをご請求ください。코프공제에서는 아버지・어머니 대상/아동 대상・시니어 대상, 암과 종신 보장 등 니즈에 맞는 상품을 준비하였습니다. 자세히는 팜플렛을 청구해주세요.

□ 自転車保険の加入を義務化する自治体が増えています! 자전거보험 가입을 의무화하는 지자체가 증가하고 있습니다!

□ ご自身のケガにプラス他人にケガをさせてしまった場合に備えていますか? 자신의 부상에 플러스 타인에게 부상을 입힌 경우을 대비하고 있습니까?

※ 출처: Pal System(2018)

□ 그 외 관련 단어

▷ 自転車事故に備える 자전거사고에 대비한다. | 自転車乗用中 자전거 운전중 | 交通事故 교통사고 | 死傷者数 사상자수 | 歩行中 보행중 | 未成年者 미성년자 | 高齢者 고령자 | 賠償事故 배상사고 | 路肩に乗り上げる 갓길에 올라타다. | 転倒 전도 | 判決認容額 판결 인정액 | 通勤 통근・通学 통학 | 普通死傷型 보통사상형 | 日常生活中 일상생활중 | レジャー中 여가중 | 就業中 취업중 | 補償内容 보상내용 | 入院保険金 입원보험금 | 死亡 사망・後遺障害保険金 후유장애 보험금 | 手術保険金 수술보험금 | 通院保険金 통원보험금 | 損害賠償責任や法律相談費用も賠償! 손해배상책임과 법률상

담비용도 배생 | 本人 본인 | 配偶者<ruby>はいぐうしゃ</ruby> 배우자 | 親族 친족 | 本人型 본인형・
夫婦型 부부형・家族型 가족형

□ あいおいニッセイ同和損害保険株式会社 ご相談・お申し込み先 아이오이
<ruby>どうわそんがいほけんかぶしきがいしゃ</ruby>
닛세이 도와손해보험주식회사 상담・신청

  ▷ お問い合わせは「24時間365日」こちらへ 090-2470-5487 문의는 "24시간
    365일" 이쪽으로 연락주세요.

※출처: あいおいニッセイ同和損害保険株式会社(2019)

42. 장례식장

□ 創業 そうぎょう 창업 | 創業100年葬儀社 永田屋 Since1913 창업 100년 장의사 나가타야

   ▷ 早朝でも深夜でもお電話一本ですぐにお迎えに上がります 이른 아침이

      라도 심야라도 전화만 주시면 즉시 맞이하러 갑니다.

   ▷ 24時間365日対応 24시간 365일 대응 ☎ 0120(177)166

□ 50名対応 2018年3月新オープン! 50명 대응 2018년 3월 새로 오픈!

   ▷ メモリアルハウス西橋本 장례식장 니시하시모토

   ▷ メインホール 메인 홀

   ▷ 会食室全景 회식실 전경

   ▷ ご親族控室 가족분 대기실

   ▷ 家族葬 가족장

   ▷ 外観(橋本高交差点側) 외관(하시모토 고등학교 교차로 쪽)

□ 1日1組貸切 1일 1쌍 대여

   ▷ 式場、会食室、親族控室がすべてひとつづきになっており、故人様と

      より近い空間で常に寄り添うことができます。また一日一組貸切なの

      でご家族皆様で気兼ねなく、大切な時間をお過ごしいただけます。

      식장, 회식실, 친족 대기실이 모두 하나의 세트로 연결되어 있으며 고인과 보다 가까운

공간에서 늘 함께 하실 수 있습니다. 또 하루 한 쌍 대여하므로 가족분들도 편안한 마음으로 소중한 시간을 보내실 수 있습니다.

☐ 永田屋なら3つの家族葬式場からお選び頂けます! 나가다야라면 세 종류의 가족장 장례식장부터 선택하실 수 있습니다.

  ▷ お客様のご希望、人数に日程を合わせてご提案させていただきます。
    유족들의 희망, 조객 수에 일정을 맞춰 제안 드리겠습니다.

☐ 3式場共通 4つの特徴 3가지 식장이 지니는 4가지 특징

  ▷ 家族葬対応 가족장 대응

  ▷ 安置施設あり 안치 시설 있음

  ▷ 宿泊可能 숙박 가능

  ▷ 駐車場100台以上対応 주차장 100대 이상 대응

  ▷ 事前相談無料 사전 상담 무료

☐ 小さな家族葬ハウス 20名 対応 작은 가족장 하우스 20명 대응

  ▷ 家族葬ルーム 가족장 룸

  ▷ ご親族控室 친족 대기실

  ▷ ゆったりすごせる琉球畳の控室 차분히 보낼 수 있는 류큐 다타미 대기실

  ▷ キャンドル祭壇の炎 캔들 제단의 불꽃

☐ セレモニーホール永田屋 세레모니 홀 나가타야 40名対応 40명 대응

  ▷ 別館 별관

  ▷ お葬式 장례식

  ▷ 和室 일본식 방

  ▷ 洋風 서양식

  ▷ ご遺族 유족분

□ 人生100周年時代だからこそ元気な時に知っていてほしい 인생 100주년 시대이므로 건강하실 때에 알아 두시면 좋습니다.

　　▷ 大切な家族のためにも入っててよかった 소중한 가족을 위해서도 가입해두길 잘했다.

　　▷ あんしん倶楽部 안심클럽

□ 会員募集中! 회원 모집중! 他社会員もOK! 타사 회원도 가능합니다.

　　▷ 入会金1万円のみ! 입회금 1만 엔만 있으면 됩니다!

　　▷ 積立年会費なし 적립 연회비 없음

　　▷ 家族みんな入れる 가족 모두 들 수 있다.

　　▷ たとえばご家族6人でも1万円のみです! 예를 들면 가족분이 6분이라도 1만 엔만 내시면 됩니다.

□ ご入会特典 입회 특전

　　▷ お見舞金の支給 병문안비 지급 最高7万円(弔慰金) 최고 7만 엔(조위금)

　　▷ 式場使用料 半額 장례식장 사용료 반액

　　▷ 葬儀基本コース2割引 장례 기본코스 20% 할인

　　▷ あたたかい朝食5名様分サービス 따뜻한 조식 5명분 서비스

　　▷ 通夜時送迎バス無料 밤샘 시 송영버스 무료

　　▷ お香典返割引 조문 답례품 할인

　　▷ 仏壇・仏具割引 불단・불구 할인

□ 選べるセットプランに含まれるもの|お葬式を行うために必要とされるもの 선택 가능한 세트 플랜에 포함되는 것 장례식을 행하기 위해 필요한 것

　　▷ 祭壇 제단・設営運営費 장례식장 설치 운영비

▷ 司会進行スタッフ 사회 진행 요원

▷ お棺 관

▷ 納棺式進行 납관식 진행・納棺用品 납관용품

▷ 式場案内係 식장 안내계・火葬場案内係 화장장 안내계

▷ アフターサポート 애프터 서포트

▷ 諸手続き代行 제수속 대행

▷ 収骨容器 수골용기

□ 別途費用 별도 비용

▷ 車両費・ドライアイス・遺影写真・式場使用料・料理・返礼品・お
布施 차량비・드라이아이스・영정사진・식장사용료・요리・답례품・보시

□ 入会かんたん3ステップ 입회 간단 3단계

▷ お電話ください 전화 연락 주세요.

▷ 会いに行きます 만나러 갑니다. 丁寧にご説明いたします. 정성껏 설명해 드
리겠습니다.

▷ 入会金のお支払い 입회금 지불 印鑑のみでOK 인감만으로 충분합니다.

□ 他社会員様も是非ご相談ください。 타사 회원분도 꼭 상담해 주세요.

▷ ご安心ください!積立金は永田屋で有効活用できます! 안심하십시오! 적립
금은 나가타야에서 효과적으로 활용하실 수 있습니다.

▷ 他社での積立金は一切無駄になりません。 타사에서의 적립금은 일절 무효가
되지 않습니다.

▷ 創業100年葬儀社 永田屋 ☎0120(177)166 창업 100주년 장의사 나가타야

□ 그 밖의 관련 단어

▷ 家族葬 가족장 | 小さいお葬式 소규모 장례식 | 火葬式 화장식 | 直葬 직장
(일정한 장례식 형식을 거치지 않고 자택이나 병원에서 바로 화장장으로 가서 행하는
장례식) | 市民料金 시민요금 | 火葬場 화장장 | 併設 병설 | 式場 장례식장
| 一日葬 1일장 | 家族葬 가족장 | 一般葬 일반장 | 式場使用料 식장 사용
료 | 霊柩車 영구차 | マイクロバス 마이크로버스 | 車両費 차량비 | ご安
置 안치 | 会員価格 회원가격 | 誠心誠意 성심성의 | 入会金 입회금 | 積立
金 적립금 | ライフサポート事業 라이프 서포트 사업 | トラブル 트러블 |
心配事 걱정거리 | 相談窓口 상담창구 | 事前相談 사전상담 | 会員制度の
プラン 회원제도의 플랜 | 生花祭壇 생화 제단 | 追加料金 추가요금 | カー
ド払い 카드지불 | 分割払い 할부 | 布張りのお棺 천이 덮인 관 | 式場使
用料 식장 사용료 | 適正価格 적정 가격 | お客様の負担 상주(고객님)의 부담
| 高級布張棺 고급스런 천이 덮인 관 | グレードアップ 그레이드 업(등급 상
향) | 司法書士 사법서사 | 行政書士 행정서사 | 枕飾り 베게 장식 | 線香
선향(가늘고 길게 생긴 향) | ローソク 양초 | 巻き線香付き 소용돌이 모양으로
생긴 선향이 딸린 것 | 棺用布団 관 내부의 시신을 덮는 이불 | 宗教道具一式
종교도구 일식 | 音響照明設備 음향조명 설비 | 司会・運用スタッフ 사회・
운영요원 | 旅支度一式 저승길 준비 일체형 | シーツ 시트 | 白木位牌 백목
위패 | 焼香用具一式 분향 용구 일식 | 受付セット 접수 세트 | 後段飾り
一式 영정사진 근처 장식 일체 | 役所手続き代行 관청 수속 대행 | アフター
フォロー 애프터 팔로우 | 火葬場の空き状況 화장장 공실 상황 | 寝台車料
金 침대차 요금 | 追加費用 추가비용 | ご遺体の搬送費用 유체의 반송 비용

| 病院 병원 | 海洋散骨 해양산골(바다에 유골가루를 뿌리는 것) | 代理散骨 대리산골(대리로 유골가루를 뿌려주는 것) | 粉骨費用 (분골비용) | 寺院手配 사원 알아보기

※ 출처: 永田屋(2018)

43. 장애인 취업지원센터

☐ 障がいのある方の働きたい!をサポート 장애가 있는 분의 일하고자 하는 희망을
지원합니다!

　　▷　うつ病 우울증

　　▷　躁うつ病 조울증

　　▷　統合失調症 통합조현병

☐ お一人おひとりに合わせた個別訓練で就職をサポートします。 한 분 한
분에게 맞춘 개별훈련으로 취직을 지원합니다.

☐ 就労移行支援事務所 취업지원사무소 ルミノーゾ町田 루미노조 마치다

　　▷　相談-就職に向けて、個別の相談に応じます。 상담-취직을 위해 개별상담
　　　에 응합니다.

　　▷　体力づくり- 通所を通して生活のリズムをつくります。 체력 만들기- 복
　　　지시설을 다니며 생활 리듬을 만듭니다.

　　▷　資格取得- 自信をつける。仕事に合った資格の提案をいたします。 자
　　　격취득- 자신감을 갖춘다. 업무에 맞는 자격을 제안해 드립니다.

　　▷　就職- 模擬面接や履歴書の添削指導。 취직- 모의면접과 이력서의 첨삭지도

☐ 駅チカ 역 지하 | 駅チカで通いやすい!! 역 지하이므로 다니기 쉽다!!

▷ 小田急線　町田駅　東口徒歩3分　오다큐선 마치다역 동쪽 출입구 도보 3분

▷ 町田街道沿い　1階はローソン　마치다 가로변 1층은 로손(편의점 이름)

☐ 様々な補助制度　다양한 보조제도

▷ お昼にお弁当の無料提供　점심시간 도시락 무료제공

▷ 交通費の補助　교통비 보조

▷ 資格試験受験料補助　자격시험 응시료 보조

☐ 再度ご利用希望の方へ　재차 이용을 희망하시는 분에게

▷ 過去、就労移行支援事業所を利用されたことがあり、再度ご希望される方もお気軽にお問い合わせください。 과거, 취로이행지원사업소를 이용하신 적이 있으며 재차 희망을 하시는 분도 부담 없이 문의해 주십시오.

☐ 就職への主なサポート　취직을 향한 주요 지원

▷ 模擬面接- 本番で自分をアピール出来るように! 모의면접- 면접현장에서 자신을 어필할 수 있도록 합니다.

▷ 履歴書指導「伝わる履歴書をトレーニング」 이력서 지도 "의미가 전달되는 이력서를 트레이닝합니다."

▷ 企業研究- 自分に合った仕事を探そう 기업연구- 자신에 맞는 업무를 찾자.

▷ 就労体験 취로체험

就職前に実際に働き本番への準備! 취직 전에 실제로 일하며 본 면접 준비!

☐ 就労後も定着支援で安心!　취로 후도 정착지원으로 안심!

▷ 就職した後も、仕事が続けられるよう仕事の悩み、人間関係の悩みなどを、一緒に解決します。 취직한 후도 업무를 계속할 수 있도록 업무의 고민, 인간관계의 고민 등을 함께 해결합니다.

☐ 主な就職先 주요 직종

    ▷ サービス業 서비스업종

    ▷ IT業 IT업종

    ▷ 金融機関 금융기관

    ▷ インフラ業 인프라업종

    ▷ マスコミ 매스컴

    ▷ 人材業 인재업

☐ 周りでお困りの方はいらっしゃいませんか? 小さなことでも相談してください。주위에서 고민하시는 분은 계시지 않습니까? 사소한 것이라도 상담해 주세요.

    ▷ 電話 전화・メール 메일 042-851-8491

    ▷ <受付時間 접수시간> 月曜から土曜 월요일부터 토요일까지 9:00-18:00

    machida@luminoso.co.jp

    ▷ まずはお問い合わせください 우선 문의해 주세요.

    ▷ facebook、twitterでは日々の訓練の模様をアップしています。「ルミノーゾ町田」で検索してみてください。雰囲気をご覧いただけます。페이스북, 트위터에서 매일 진행되는 훈련 상황을 업로드하고 있습니다. "루미노조 마치다"로 검색해주세요. 분위기를 보실 수 있습니다.

☐ 利用料金 이용요금

    ▷ 現在9割の方が無料で利用しています。ケースバイケースなのでまずはご相談ください。현재 9할 이상의 분들이 무료로 이용하고 있습니다. 케이스 바이 케이스이므로 우선 상담해주시기 바랍니다.

□ ご利用対象 이용 대상

  ▷ 各種障害者手帳をお持ちの方 각종 장애자 수첩을 가지고 계신 분

  ▷ 一定の難病の方 일정한 난치병을 가지신 분

  ▷ 心療内科やメンタルクリニックの医師の意見書をもらえる方 심료내과
    (심리요법으로 치료하는 내과)와 정신과 의사 소견서를 받을 수 있는 분

  ▷ 福祉サービス受給者証を取得してください 복지 서비스 수급자증을 취득해
    주세요.

  ▷ 各手続きのサポートもいたします。 각 수속 진행도 도와드립니다.

□ 6月7月スケジュール 6월 7월 일정

  ▷ 11(月) グループワーク 그룹워크 季節の創作活動 계절의 창작활동

  ▷ 13(水) ウォーキング 워킹 リフレッシュ＆体力つくり 원기 회복＆체력 만
    들기

  ▷ 14(木) グループワーク 그룹워크 暑気払いミーティング 피서 모임

  ▷ 15(金) 手話講座 수화강좌

  ▷ 19(火) タイピング大会 타이핑대회

  ▷ 20(水) グループワーク 그룹워크

  ▷ 26(火) ハローワークへ行ってみよう 헬로워크에 가보자

  ▷ 7(土) 七夕OBOG会 칠월칠석 OBOG회 茶話会 다과회

  ▷ 14(土) 日本PMO協会講演プロジェクトマネジメント 일본 PMO협회 강연
    프로젝트 매니지먼트

  ▷ 28(土) ポップコーンシネマ 팝콘 시네마

□ 주요 관련 단어

▷ 模擬会議 모의회의 | 企画運営経験 기획운영 경험 | 聴覚障害 청각장애 |

ビジネススキル 비즈니스 스킬 | 就職活動 취직활동 | 身体障害 신체장애 |

発達障害 발달장애 | 個別訓練 개별훈련 | 就労移行支援事務所 취로이행

지원사무소 | 履歴書 이력서 | 職務経歴書 직무경력서 | 資格取得 자격취득 |

施設長 시설장 | 資格試験 자격시험 | 就職者 취업자 | 模擬面接 모의면접

| 企業研究 기업연구 | 職場体験 직장체험 | 添削指導 첨삭지도 | 職場定

着 직장 정착 | 職種 직종 | 定着支援 정착 지원

※출처: 就労移行支援事業所 ルミノーゾ町田(2018)

44. 재활용품 처리

□ 100%リサイクル 100% 재활용

□ リユーズ 재사용

□ 不用品 사용하지 않는 물건

□ 不用品や引越、お住まいの事でお困りの際はお気軽にご相談ください!
  사용하지 않는 물건이나 이사, 주거에 관련하여 고민이 있으실 때는 부담 없이 상담하십
  시오!

□ 引取 인수

□ 買取 매입, 매수

□ サービス内容 서비스 내용

□ 不用品無料回収 사용하지 않는 물건 무료 회수

□ 1点でも無料回収(壊れていてもOK) 1점이라도 무료 회수합니다(고장난 것이라
  도 회수 가능)

  ☆エアコン 에어컨 ☆液晶テレビ 액정 TV ☆自転車 자전거 ☆バイク 바이크
  ☆電動工具 전동공구 ☆パソコン PC ☆ステレオコンポ 스테레오 콤포 ☆エレ
  キギター 전자기타 ☆アンプ 앰프 ☆大型スピーカー 대형 스피커 ☆ミシン 미싱
  ☆アルミホイールタイヤ 알루미늄 호일 타이어 ☆車バッテリー 자동차 배터리

※ 子供自転車 어린이용 자전거 (20インチ未満 20인치 미만), スポーク錆び 바퀴살에 낀 녹, 旧式バイク 구형 바이크, 液晶割れ 금이 간 액정, ブラウン管 等対象外もあります 브라운관 등은 취급하지 않습니다.

★3点から無料回収 3점부터 무료 회수

☆対象家電 대상 가전제품 ☆健康器具 건강기구 ☆ゲーム機本体(小型除く) 게임기 본체(소형 제외) ☆スチールラック 스틸 옷걸이 ☆バイクバッテリー 바이크 배터리 ☆アコースティックギター 어코스틱 기타 ☆スピーカー 스피커 ☆編み機 편물기 ☆金属類 금속류

※ 対象家電についてはお問い合わせください(洗濯機、冷蔵庫は無料対象外です) 대상 가전제품에 관해서는 문의해주세요(세탁기, 냉장고는 무료 대상 외 품목입니다)

☐ 不用品買取 쓰지 않는 물건 매입

☐ 遺品整理 유품 정리

☐ 一軒丸々回収 주택 한 채 일괄 회수

☐ 事業所丸々回収 사업소 일괄 회수

☐ 放置自転車一括回収 방치 자전거 일괄 회수

☐ 物置解体回収 창고 해체 회수

☐ エアコン取り外し回収 에어컨 해체 회수

☐ 引越しお手伝い 이사 지원

☐ 家具移動 가구 이동

☐ 不用品分別作業 쓰지 않는 물건 분별 작업

□ 庭木手入れ（にわきていれ） 정원수 손질

□ 家屋解体 가옥 해체

□ 買い取り金額（きんがく） 매수 금액

□ 査定金額（さてい） 사정 금액

□ 電話 전화

□ メール 메일

□ 無料回収 무료 회수

□ 回収の予約 회수 예약

□ 広告（こうこく） 광고

□ 見積ご相談無料（みつもり） 견적 상담 무료

□ 引越し 이사

□ 引越しでいらないものがある 이사해서 필요 없는 물건이 있다.

□ 家電 가전제품

□ 新しい家電に買い替えた（かか） 새로운 가전제품으로 재구매했다.

□ 部屋 방

□ 快適な部屋で生活したい（かいてき） 쾌적한 방에서 생활하고 싶다

□ まだ使えるから譲りたい（ゆず） 아직 사용할 수 있으므로 필요한 사람에게 물려주고 싶다.

□ そんな時はイノセントにお電話ください！ 그럴 때는 이노센트로 연락주세요!

□ 高価買取 고가 매수

□ 液晶テレビ 액정 TV

□ 冷蔵庫 냉장고

☐ 洗濯機 세탁기

☐ エアコン 에어컨

☐ 電子レンジ 전자레인지

☐ 家電製品 가전제품

☐ 家電製品は原則として「製造<ruby>製造<rt>せいぞう</rt></ruby>より3年以内」「動作正常品<ruby>動作正常品<rt>どうさせいじょうひん</rt></ruby>」が対象となります
　　가전제품은 원칙적으로 "제조일로부터 3년 이내" "정상 작동품"이 대상이 됩니다.

☐ 音楽機器 음악기기

☐ パソコン機器 PC기기

☐ 健康器具 건강기구

☐ ブランド家具 브랜드 가구

☐ 家具は当社対象ブランドのみとなります 가구는 당사 대상 브랜드만 취급합니다.

☐ 電動工具 전동공구

☐ 自転車 자전거

☐ オートバイ 오토바이

☐ 未使用品 미사용품

☐ 買い取りサービス 매수 서비스

☐ お気軽にお電話ください 부담없이 연락주세요.

☐ リサイクル 재활용품 | 100%リサイクル、リユースを目指します! 100% 재활용품, 재사용을 지향합니다!

☐ 不用品 쓰지 않는 물건 | 不用品取引・買取 쓰지 않는 물건 거래・매수

□ サービス内容 서비스 내용

▷ 不用品無料回収 쓰지 않는 물건 무료 회수 | 不用品買取 쓰지 않는 물건 매수
| 遺品整理 유품정리 | 一軒丸々回収 한 채 몽땅 회수 | 事業所丸々回収 사
업채 일괄 회수 | 放置自転車一括回収 방치 자전거 일괄 회수 | 物置解体回
収 창고 해체 회수 | エアコン取り外し回収 에어컨 해체 회수 | 引越お手伝
い 이사 거들기 | 家具移動 가구 이동 | 不用品分別作業 쓰지 않는 물건 분별
작업

▷ 庭木手入れ、家屋解体もご相談ください(協力会社依頼) 정원수 손질. 가
옥 해체도 상담해주세요(협력회사 의뢰해 드립니다)

□ 引越 이사 | 引越でいらない物がある 이사해서 필요 없는 물건이 있다.

□ 家電 가전제품 | 新しい家電に買い替えた 새로운 가전제품으로 재매입하였다.

□ 部屋 방 | 快適な部屋で生活したい。また使えるから譲りたい 쾌적한 방
에서 생활하고 싶다. 또 아직 사용할 수 있으니 누군가에게 물려주고 싶다.

□ 電話 전화 | そんな時はイノセントにお電話ください。見積りご相談無
料! 그러한 경우에는 이노센트에 전화 주십시오. 견적 상담 무료!

□ 相談 상담 | 不用品や引越、お住まいの事でお困りの際はお気軽にご相
談ください! 쓰지 않는 물건이나 이사, 거주 문제로 곤란하신 경우에는 부담 없이 상
담해주십시오!

□ 高価買取 고가 매수
◇ 液晶テレビ 액정 TV ◇ 冷蔵庫 냉장고 ◇ 洗濯機 세탁기 ◇ エアコン 에
어컨 ◇ 電子レンジ 전자레인지 ◇ 他家電製品 타가전제품 ◇ 音楽機器 음악
기기 ◇ パソコン機器 PC기기 ◇ 健康器具 건강기구 ◇ ブランド家具 브랜드

가구 ◇ 電動工具 전동공구 ◇ 自転車 자전거 ◇ オートバイ 오토바이 ◇ 未使用品等々 미사용품 등등

□ 家電製品 가전제품 ｜ 家電製品は原則として「製造より3年以内」「動作正常品」が対象となります。 가전제품은 원칙으로 제조일로부터 3년 이내, 정상적으로 작동하는 물건만 취급합니다.

□ 当社対象 당사 대상 ｜ 家具は当社対象ブランドのみとなります。 가구는 당사가 대상으로 하는 브랜드만 취급합니다.

□ 1点でも無料回収 1점이라도 무료 회수합니다.

　★エアコン 에어컨 ★液晶テレビ 액정TV ★自転車 자전거 ★バイク 바이크 ★電動工具パソコン 전동공구 PC ★ステレオコンポ 스테레오 콤포 ★エレキギター 전기기타 ★アンプ 앰프 ★大型スピーカー 대형 스피커 ★ミシン 미싱 ★アルミホイールタイヤ 알루미늄 호일 타이어 ★車バッテリー 자동차 배터리

□ 対象外 대상 외 품목 ｜ 子供自転車(20インチ未満)、スポーク錆び、旧式バイク、液晶画面割れ、ブラウン管など対象外もあります。 어린이 자전거(20인치 미만), 녹슨 차바퀴 살, 구식 바이크, 액정화면 깨진 것, 브라운관 등은 대상 외 품목입니다.

□ 3点から無料回収 3점부터 무료 회수

　★対象家電 대상 가전 ★健康器具 건강기구 ★ゲーム機本体(小型除く) 게임기 본체(소형 제외) ★スチールラック 강철 옷걸이 ★バイクバッテリー 바이크 배터리 ★アコースティックギター 어코스틱 기타 ★スピーカー 스피커 ★編み機 편물기 ★金属類等々 금속류 등등

□ 対象家電- 対象家電についてはお問い合わせください(洗濯機、冷蔵庫は無料回収外です) 대상 가전제품–대상 가전제품에 대해서는 문의해 주십시오(세탁

기, 냉장고는 무료회수에서 제외됩니다)

※출처: 株式会社イノセント(2018年)

□ 廃電化製品 폐가전제품 | 廃電化製品金属類無料回収 폐가전제품 금속류 무료 회수

□ 回収日 수거일 | 回収日のお知らせ 수거일의 공지

□ 予約- 電話の予約は一切不要 雨でも必ず回収を行います 예약- 전화예약은 전혀 필요 없습니다. 비가 오는 날이라도 반드시 회수를 합니다.

□ ゴミ置き場 쓰레기 보관소 | 朝9時までに、 ご家庭のゴミ置き場、 玄関前、 門など外道路から確認できる場所にお出し下さい。 아침 9시까지 가정의 쓰레기 보관소, 현관 앞, 문 등 바깥 도로에서 확인할 수 있는 장소에 내어 주십시오.

□ マンション 맨션 | マンション・自治会等でお困りの自転車・バイク処分何でも無料 맨션・자치회 등에서 처치에 곤란을 겪고 계신 자전거・바이크 처분. 무엇이든 무료입니다.

□ チラシ 전단지 | このチラシを張り付けてください 이 전단지를 부착해주세요

□ 集合住宅 집합주택 | 集合住宅の方はゴミ置き場へ 自転車・バイク無料 집합주택에 계시는 분은 쓰레기 보관소로 내어주십시오. 자전거・바이크 무료

□ 袋 봉투 | 箱や袋はすべて取り外して下さい 상자나 봉투는 모두 벗겨주십시오.

□ 無料回収出来る製品- いくつ出しても大丈夫、 故障はOK 무료 회수 가능한 제품- 몇 개를 내어 놓아도 괜찮습니다. 고장이 난 것도 괜찮습니다.

   ▷ エアコン(取り外し無料) 에어컨(해체 무료) | CDラジカセ CD라디오 카세트 | 電話機 전화기 | シュレッダー 세단기(파쇄기) | プレステ 플레이스테이션(게임

기| ドライヤ 드라이어 | 携帯電話 휴대전화 | OA機器 사무자동기기 | 銅

구리・鉄 철 | 草刈機 제초기

▷ ワープロ 워드프로세서 | 空気清浄機 공기청정기 | 液晶テレビ 액정TV

▷ DVDプレイヤー DVD플레이어 | カメラ 카메라 | 水道の蛇口 수도꼭지 |

ホットプレート 전열기 | 船外機 선외기 | 鍋 냄비 | ギター 기타 | 電線 전

선 | 農機具 농기구 | パソコン PC | プリンター 프린터 | ビデオデッキ

비디오덱키 | ミシン 미싱 | 電子レンジ 전자레인지 | 給湯器 급탕기 |

除湿機 제습기 | モーター 모터 | スピーカー 스피커 | キーボード 키보드 |

ステレオ 스테레오 | 医療器具 의료기구 | アルミホイール(タイヤ付可) 알

루미늄 호일(타이어 붙은 것도 가능) | ゲーム機 게임기 | バッテリー 배터리 |

工業用ミシン 공업용 미싱 | オーブン 오븐 | 炊飯器 전기밥솥 | 電動工具

전동공구 | アルミサッシ 알루미늄 새시 | 金属類 금속류 | 扇風機 선풍기 |

アイロン 다리미 | 車椅子 휠체어 | 楽器類 악기류 | カーステレオ 카스테레

오 | ファックス 팩스 | ガスコンロ 가스곤로 | ファンヒーター 팬히터 |

発電機 발전기 | やかん 주전자 | 釣り具 낚시도구 | 自転車 자전거 | 原付

き 원동기가 부착된 자전거 | 電動車椅子 전동차 | 食器 식기 | コンポ 콤포

| 編み機 편물기 | 掃除機 청소기 | ストーブ(全種) 스토브(전품목) | 充電機

충전기 | コピー機 복사기 | フライパン 후라이팬 | アンプ 앰프 | マウンテ

ンバイク 산악용 자전거 | オートバイ 오토바이 | 三輪車 세발자전거 | バイ

ク全種類 바이크 전 품목・車 자동차 | テレビ TV | 洗濯機 세탁기 | 冷蔵

庫 냉장고 | 乾燥機 건조기 | こたつ 고타쓰 | 電気カーペット 전기카펫 |

ピアノ 피아노

□ 整理 정리 | 引越しの整理、事務所、店舗、倉庫の片付け等、お気軽にご相談ください。이사 정리, 사무소, 점포, 창고 정리 등 부담 없이 상담하세요.

□ 回収 회수 | ご連絡なく出された無料回収以外の製品は回収致しません。연락 없이 내어 놓은 무료회수 이외의 제품은 회수하지 않습니다.

□ 手数 수고 | 午前中に回収されない場合は、お手数ですがご連絡をお願いします。오전 중에 회수되지 않는 경우는 수고스러우시지만 연락을 부탁드립니다.

□ ご連絡いただき、誠にありがとうございます。연락 주셔서 참으로 감사드립니다.

※출처: 고물상 전단지(2018년)

45. 전단지 배달

□ 大募集 대모집 | 想い届けるポスティングスタッフ大募集! 따뜻한 마음을 전하는 전단지 배달원 대모집

□ 声優 성우 | ミュージシャン・役者・声優志望活躍中!! 뮤지션・배우・성우 지망생도 활약중입니다!!

□ 夢あるアーティスト応援します!! 꿈이 있는 아티스트를 응원합니다!!

   ▷ 勤務時間・曜日が選べます 근무시간・요일을 선택할 수 있습니다.

   ▷ 髪型、服装自由 헤어스타일・복장 자유입니다.

   ▷ 急な勤務もOK 일정한 시간이 아닌 본인의 사정에 따른 근무도 가능합니다.

   ▷ 週1回からOK 주1회부터 근무가 가능합니다.

   ▷ 保証手当制度あり、未経験でも安心 보증 수당 제도가 있으며 미경험자도 안심하고 근무할 수 있습니다.

□ 仕事内容 업무 내용

   ▷ 大手ピザチェーン、不動産会社などのチラシのポスティングです。 대형 피자 체인, 부동산회사 등의 전단지를 배달하는 업무입니다.

   ▷ 事務所でチラシを受取り、担当エリアのご家庭のポストへ投函。 사무소에서 전단지를 받아 담당 지역 가정의 포스트에 투함하는 일입니다.

▷ 大量に効率よく配るなら「原付」、自転車も徒歩もOKです。대량으로 효율적으로 배부하고자 하시면 원동기 바이크도 가능하며, 물론 자전거도 도보도 모두 가능합니다.

▷ 1件のポストに3枚〜5枚同時に配布します。 1건의 포스트에 3매〜5매 동시에 배포합니다.

▷ 勤務地 근무지: 海老名 에비나, 小田原 오다와라, 平塚 히라쓰카, 奏野の最寄の営業所 히다노 근방의 영업소

▷ 待遇・福利厚生 대우·복리후생 : ガソリン代一部支給、服装自由、原付レンタル有り(1日300円) : 가솔린비 일부 지급, 복장 자유, 원동기 바이크 렌탈 있음(1일 300 엔)

※출처: ASUコミュニケーションズ株式会社(2018)

□ ポスティングスタッフ大募集 전단지 배달원 대모집

▷ 沢山歩いて健康に良いお仕事です! 많이 걸을 수 있어서 건강에 좋은 업무입니다.

▷ ご自宅の近くの地域で働けます 자택 근처의 지역에서 일할 수 있습니다.

▷ 朝の散歩中に配布OK! 아침 산책중에 배포도 가능합니다!

▷ 60〜70代の方も活躍中 60〜70대 분도 활약중입니다.

▷ 完全出来高制 3万〜8万円 완전 성과급제 3만 엔〜8만 엔

▷ 申込み・ご相談など下記フリーダイヤルにお気軽にご相談下さい。 신청·상담 등 아래의 무료 다이얼로 부담 없이 상담하세요.

☐ お仕事内容 업무 내용

　▷ 職種 직종 / チラシのポスティング 전단지 배부

　▷ 勤務日/毎週水曜〜土曜の自由な時間でお仕事可能 근무일/매주 수요일〜
　　土曜일까지 자유로운 시간에 업무 가능

　▷ 勤務地 근무지 / ご自宅周辺が仕事場所 자택 주변이 업무 장소

　▷ 年齢 연령 / 25歳 25세 〜70歳位まで 70세까지

　▷ 主婦・中高年・未経験者大歓迎 주부・중노년층・미경험자 대환영

　　※ 大雨の場合はお休み 호우시에는 휴무

☐ 有限会社アスク 유한회사 아스크

☐ ポスティング広告で売上アップしてみませんか? 전단지 광고로 매상을 높여
　보지 않겠습니까?

☐ 経営者 경영자 | こんな悩みの経営者様におススメ!! 이런 고민을 지니신 경영
　자분에게 권합니다!!

　▷ 新聞折込の反響が落ちてきた! 신문지에 끼워 넣는 식으로 이용한 전단지의 반
　　응이 시원치 않다!

　▷ インターネット集客だけでは、なかなか難しい 인터넷 방식에 의한 고객 홍
　　보만으로는 많은 한계가 있다.

　▷ スポット地域に宣伝したい! 스팟 지역에 선전하고 싶다!

　▷ 求人チラシで近隣の人材を募集したい! 구인 전단지로 근린의 인재를 모집하
　　고 싶다!

☐ 配布エリア 배포 지역

　▷ 町田市마치다 시・相模原市사가미하라 시・横浜市青葉区 요코하마 시 아오바
　　구・八王子市 하치오지 시・多摩市 다마 시

□ 그 외의 단어

▷ 配布単価 배포 단가 | 格安料金 염가 요금 | 弊社指定地域 당사 지정 지역

| 軒並配布 가가호호 배포

※ 출처: 有限会社アスク(2018)

46. 전통음식(和食) 식당

□ 健康美食 | からだ、みたす。健康美食和膳 逸品 からだも美味しい。
趣向を凝らした、滋味あふれる逸品の数々。 몸을 채운다. 건강 미식 정식밥
상(일본식 식기에 음식을 담은 전통요리), 일품, 몸도 맛있다. 취향을 집중시킨 자양미
넘치는 다양한 일품

▷ 天ぷら御膳 튀김 밥상 麦めしお替わり自由 보리밥 추가 무료 1,180円

▷ まぐろぶつ御膳 참치 밥상 麦めしお替わり自由 보리밥 추가 무료 1,180円

▷ 天ぷらそば麦とろ御膳 튀김소바 마즙보리밥 밥상

　麦めしお替わり自由 보리밥 추가 무료 1,280円

▷ 豚ロース味噌漬け御膳 돼지로스 된장 밥상

　麦めしお替わり自由 보리밥 추가 무료 1,280円

▷ からあげ御膳 튀김 밥상 麦めしお替わり自由 보리밥 추가 무료 1,180円

▷ 穴子天ぷら御膳 붕장어 튀김 밥상 麦めしお替わり自由 보리밥 추가 무료
1,180円

▷ 海鮮麦とろおひつまぶし 해선 마즙보리밥 히쓰마부시(밥에 잘게 썬 붕장어를 뿌
린 요리)

　麦めしお替わり自由 보리밥 추가 무료 1,280円

▷ 桜姫鶏のとろろ鍋御膳 사쿠라히메닭 토로로 냄비 밥상

　麦めしお替わり自由 보리밥 추가 무료 1,680円

▷ 自然薯のたまり漬け 자연 참마 다마리쓰케 380円

▷ 天ぷら盛り合わせ 튀김 모듬 680円

▷ まぐろの山かけ 참치 마즙 요리 380￥

▷ 穴子の一本揚げ 붕장어 튀김 680円

▷ お子様プレート 어린이 식사 680円

▷ お子様麦とろプレート 어린이 마즙 보리밥 식사 880円

▷ ザ・プレミアム・モルツ (中ジョッキ) 480円(グラス)380円 더 프레미엄
몰츠(중간 크기 잔) 480 엔(글래스) 380 엔

▷ 自然薯のお酒 山うなぎ(グラス)680円 자연참마 술 산장어(글래스) 680 엔

▷ ね、角ハイボールがお好きでしょ。角ハイボール 380円 저, 가쿠하이볼
(맥주명)을 좋아하시죠? 가쿠하이볼 380 엔

□ 焼酎 소주

　▷ 黒丸 구로마루 グラス 글라스 480円

　▷ 八重丸 야에마루 グラス 글라스 480円

□ 日本酒 니혼슈

　▷ 沢の鶴 사와노쓰루 生酒 진국술 180ml 480円

□ 山薬清流庵のこだわり 산약 세류안의 고집 黄金比率 황금비율 黄金とろろ
旨味引き立つ黄金比率 황금토로로 훌륭한 맛이 돋보이는 황금비율

□ 山芋の成分 산마의 성분·효능 효능

　　▷ 美白作用 미백작용

　　▷ 滋養強壮 자양강장

　　▷ 消化促進 소화촉진

　　▷ アンチエイジング 노화방지

□ 店舗情報 점포 정보

　　▷ 自然薯麦とろ おばんざい 山薬清流庵 ココリア多摩センター店 자연참
마 마즙보리밥 오반자이 산약세류안 코코리아 다마센터점

　　▷ TEL 042-313-7587

　　▷ 営業時間 11:00～22:00

47. 정육점

□ しおざわ肉店 시오자와 정육점 特売! 특별판매

▷ 1月26日(土) 営業時間 영업시간 9:00~20:00 特売日は7時閉店です 특별 판매일은 7시 폐점입니다.

□ 国産豚肉 국산 돈육

▷ 豚モモうす切り 돼지 대퇴살 얇게 썬 것 100g 98円

▷ 豚ロースしゃぶしゃぶ 돼지 로스 샤부샤부 100g 168円

▷ 豚 돼지 並肉 나미니쿠(품질이 낮고 가격이 싼 고기) 100g 138円

□ 国産和牛 일본산 소

▷ 和牛焼肉用 일본산 소 구이용 100g 500円

▷ 和牛うす切り 일본산 소 엷게 썬 것 100g 500円

▷ 和牛こま切れ 일본산 소 잘게 썬 것 100g 400円

□ 安全 안전·安心 안심·美味 미미 国産豚肉 일본산 돈육·牛肉 소고기·鶏肉 닭고기

▷ 豚バラうす切り 돼지 뱃살 얇게 썬 것 100g 138円

▷ 豚切り落とし 돼지고기 잘라낸 것 100g 88円

▷ 豚ひき肉 돼지고기 으깬 것 100g 85円

☐ 国産鶏肉 _{とりにく} 일본산 닭고기

    ▷ 鶏モモ肉 닭 대퇴살 100g 90円

    ▷ とりモモ角切 닭 대퇴살 깍둑썰기 100g 90円

☐ お惣菜 부식

    ▷ メンチカツ 민스 커틀렛 1ケ 1개 80円

    ▷ ハムカツ 햄커틀렛 1枚 40円

    ▷ トンカツ 돈가스 1枚 198円

    ▷ 鶏から揚げ 닭튀김 100g 138円

    ▷ トカチコロッケ 토카치 고로케 1ケ 1개 100円

※출처: しおざわ肉店(2019)

48. 정책구상 홍보 - 시장 출마

□ こんにちは宮崎雄一郎です 안녕하세요. 미야자키 유이치로입니다.

　▷ JAL再生機長が相模原市を再生するトップリーダーへ JAL재생 기장이 사가미하라 시를 재생하는 톱 리더로 거듭나고자 합니다.

□ 「テイクオフ相模原新しい風に乗って」は、この市の機長に宮崎雄一郎さんを推薦します。"이륙! 사가미하라 새로운 바람을 타고"는 사가미하라 시의 기장으로 미야자키 유이치로 씨를 추천합니다.

□ 目的地は、市民の皆さまと共につくる住みやすい街です。 목적지는 시민 여러분과 함께 만드는 살기 좋은 도시입니다.

□ 基本政策を中面に掲載しています、ご一読ください 기본정책을 전단지 중간 부분에 게재하였습니다. 일독해주세요.

□ 目指す姿「選ばれるまちさがみはら」をつくろう 지향하는 모습 "선택되는 도시 사가미하라"를 만들자.

　▷ 都心に近いけど住みやすい、水と緑豊かな欧米の郊外のような幸福度が高いまち 중심에 가깝지만 살기 좋은, 물과 초록이 풍부한 구미의 교외와 같은 행복도가 높은 도시

　▷ 高齢者も子育て世代も、一人でも、だれもが家族のように安心して住めるまち 고령자도 자녀양육세대도 한 사람이라도 누구나가 가족과 같이 안심하고

살 수 있는 도시

▷ 交通網が広がり、だれでも、どこにでも行けるまち 교통망이 넓어지고 누구라도 어디라도 갈 수 있는 도시

□ 挑戦 도전 | いま基本姿勢「3つの挑戦」 지금 기본자세 "3가지 도전"

▷ 自らが先頭に立って挑戦 스스로가 선두에 서서 도전

▷ 停滞から、未来を切り開く挑戦 정체에서 미래를 개척해나가는 도전

▷ 市民主体の市政づくりへの挑戦 시민이 주체가 되는 시정 조성을 향한 도전

□ 改革 개혁 | まずは経営カイゼン! 行・財政改革 우선은 경영! 개선 행정・재정 개혁

▷ 財政危機!ムダ撲滅! 재정 위기! 재정낭비 박멸!

▷ 大規模事業やハコものの見直し! 대규모 사업과 공공시설 건설에 대한 재검토

▷ 区行政は、区長に任せる! 구 행정은 구청장에게 맡긴다!

▷ 職員の意識改革 직원의 의식개혁

□ 子どもは「宝」みんなで育てます。子育て・教育改革 아이들은 "보물" 모두가 힘을 합쳐 키웁니다. 자녀 양육・교육개혁

▷ 政令市最下位の学力からの脱却 지정도시 최하위 학력에서 탈피

▷ 学力よりも、生きる力、国際性、体力を重視! 학력보다 살아가는 힘, 국제성, 체력을 중시

▷ 幼保連携と小中一貫校、特色あるコミュニティスクールを! 유치원과 보육원 연계, 초등학교와 중학교의 일관화, 특색 있는 커뮤니티 스쿨을!

▷ 専門職大学のような、技術者マイスター養成校を! 전문직 대학과 같은 기술자 마이스터 양성교를 조성!

▷ 子育て環境の整備 자녀양육 환경의 정비

☐ 産業 산업 | 地元で沢山稼いでほしい地域と世界をつなぐ産業 지역에서 소득을 많이 올리고 지역과 세계를 연결하는 산업 조성

　　▷ 地域密着の会社やお店、産業の活性化! 지역과 밀착된 회사와 상점, 산업의 활성화

　　▷ 未来型産業のサポートや誘致を積極的に! 미래형 산업의 지원과 유치를 적극적으로!

　　▷ 世界から研究者、企業、大学誘致を! 세계에서 연구자, 기업, 대학 유치를!

☐ 交通 교통 | みんなの足を確保 どこにでも行ける交通システム 편리한 교통편을 확보 어디에라도 갈 수 있는 교통시스템을 구축하겠습니다.

　　▷ 介護・福祉の車を利用したお買いものカーやコミュニティバスを市内に巡らす! 간병·복지용 차량을 이용한 쇼핑카와 커뮤니티 버스를 시내에 운행하겠습니다.

　　▷ バス停までの移動を楽に! 버스정류장까지의 이동을 편리하게!

　　▷ 自動運転、空を使うドローン、空飛ぶ車、ヘリコプター、ビジネスジェット機が主流になる未来を見越したまちづくり! 자동운전, 하늘을 사용하는 드론, 하늘을 나는 차, 헬리콥터, 비즈니스 제트기가 주류가 되는 미래를 예측한 도시 조성!

☐ 危機管理のプロフェッショナルとして防災・危機管理 위기관리의 프로페셔널로서 방재·위기관리

　　▷ 地域に根付いた独立防災隊を広めます! 지역에 뿌리내린 독립 재난방지대를 확충하겠습니다.

　　▷ 子どもの時から、ゲーム感覚で防災教育を導入! 어릴 때부터 게임감각으

ロ 재난방지 교육을 도입하겠습니다.

□ 誰もが関係する医療・福祉・介護 _{いりょう} 누구나가 관계되는 의료·복지·간병

   ▷ 救急車でたらいまわしにされない病院体制を! _{きゅうきゅうしゃ} 구급차로 진료거부되지 않는 병원 체제를 구축하겠습니다!

   ▷ 元気な高齢者に遊べる「憩いの家」や学校や地域の「おしごと」を! _{いこ} 건강한 고령자가 놀 수 있는 "휴식의 집"과 학교와 지역의 "업무"를 조성!

   ▷ 世界で有数のJAXAや航空宇宙、ロボット、AI技術で介護が優良職場に! _{こうくううちゅう} _{ぎじゅつ} _{ゆうりょう}
세계에서 유수의 JAXA와 항공우주, 로봇, AI기술로 간병이 우량인 직장으로!

□ 次世代へつながる環境保全 _{じせだい} _{かんきょうほぜん} 차세대로 이어지는 환경 보전

   ▷ CO2の少ないまちへ!エコと自然で有名な都市へ! CO2가 적은 도시로! 환경과 자연으로 유명한 도시로 조성하겠습니다!

   ▷ 水源や森林、まちなかでも緑を感じるまち! _{すいげん} _{しんりん} 수원이나 삼림, 도시 안에서도 초록을 느낄 수 있는 도시!

□ 그 외 단어

   ▷ 市長退職金 _{たいしょくきん} 시장 퇴직금 | 市役所改革 _{しやくしょ} 시청 개혁 | 国際コンベンション建設 국제 컨벤션 건설 | 美術館建設 미술관 건설 | 新市役所建設 새로운 시청 건설 | 国際性 국제성 | 想像力 _{そうぞうりょく} 상상력 | 地域の人材 지역인재 | 技術者マイスター養成校 기술자 마이스터 양성교 | 保育園 _{ほいくえん} 보육원 | こども園 어린이원 | 病児保育 _{びょうじほいく} 질병아동보육 | 時間延長サービス _{えんちょう} 시간연장서비스 | 放課後見守り教室 _{みまも} 방과 후 지킴이 교실 | 全員給食 _{きゅうしょく} 전원급식 | 体育館 체육관・特別教室のエアコン 특별교실 에어컨 | 環境カイゼン 환경개선 | 赤

ちゃん一時<ruby>預<rt>いちじあず</rt></ruby>けチケット 아기 일시 탁아 티켓 | スクールバス 스쿨버스 |
ボールパーク 공놀이 공원 | 市長<ruby>報酬<rt>ほうしゅう</rt></ruby>50%カット 시장 보수 50% 삭감 | 人
口増<ruby></ruby><rt>ぞう</rt> 인구증가 | 企業誘致増 기업유치 증가 | 税<ruby>収<rt>しゅう</rt></ruby>増 세수 증가 | 情報公開
정보 공개 | タウンミーティング<ruby>定例化<rt>ていれいか</rt></ruby> 타운 미팅 정례화 | 企業 기업 | 大
学誘致 대학유치 | <ruby>滞在型<rt>たいざいがた</rt></ruby>観光リゾート 체재형 관광리조트 | <ruby>移住<rt>いじゅう</rt></ruby>の<ruby>拡大<rt>かくだい</rt></ruby>
이주의 확대 | 農林水産業 농림수산업 | <ruby>芸術<rt>げいじゅつ</rt></ruby> 예술·文化 문화·観光のまち
관광도시 | 楽しい市場 즐거운 시장 | 青空マーケット 아오조라 마켓 | おいし
い食材 맛있는 식재 | 交通システム 교통시스템 | 介護 간병 | 福祉 복지 | 防
災 방재 | 独立防災隊 독립재난방지대 | ゲーム感覚 게임감각 | 防災教育
재난방지교육 | <ruby>米軍<rt>べいぐん</rt></ruby> 미군 | <ruby>自衛隊<rt>じえいたい</rt></ruby> 자위대 | 広域防災<ruby>拠点<rt>きょてん</rt></ruby> 광역방지재난 거
점 | 医療 의료·福祉 복지· 介護 간병 | 救急車 구급차 | 元気な高齢者
건강한 고령자

※출처: テイクオフ相模原ニュース TEL·FAX.042-855-8239(2019)

49. 제모

□ ミュゼで春のスタートダッシュ 뮤제에서 봄의 스타드 대시

    ▷ 急いでミュゼに駆け込もう!! 서둘러서 뮤제로 달려가자!!

□ 期間限定 기한 한정 4/30(火) 急いで予約しよう! 서둘러서 예약하자!

□ 脱毛 제모 | 全身まるっと脱毛できる4月だけのおトクなキャンペーン! 전
   신을 말끔히 제모할 수 있는 4월만의 알뜰 캠페인!!

    ▷ 全身脱毛年間パスポート 전신 제모 연간 패스포트

    ▷ ミュゼはじめての方WEB予約限定 980円(税抜) 뮤제에 처음 오시는 분 인
       터넷 예약 한정 980 엔(세금별도)

    ▷ 1年間通い放題! 1년간 무제한 이용 가능!

    ▷ ご予約できる枠に限りがございます。 예약할 수 있는 범위에 제약이 있습니다.

    ▷ WEB予約なら24時間 あっという間に予約完了! 인터넷 예약이라면 24시간
       즉시 예약 완료가 가능합니다!

□ 全身脱毛にプラスして両脇・Vライン1年間通い放題の年間パスポート!
   전신 제모에 더해 양쪽 겨드랑이・V라인 1년간 무제한 이용 가능한 연간 패스포트!

□ こちらの全身 21カ所 まるごと 全部脱毛できる人気の年パス! 이쪽의 전
   신 21군데 일괄적으로 전부 제모가 가능한 인기 연간 패스!

- 両手の甲と指 양 손등과 손가락 | お腹 배

- ヒップ 엉덩이 | 両ヒザ上 양쪽 무릎 위

- 乳輪まわり 유두 주위 | トライアングル上 트라이앵글 위

- ヒザ 무릎 | へそまわり 배꼽 주위

- トライアングル下 트라이앵글 아래 | 両ワキ 양쪽 겨드랑이

- 両ヒザ下 양쪽 무릎 아래 | 背中上 등 위

- Vライン V라인 | 両ヒジ上 양쪽 팔꿈치 위

- 両足の甲と指 양쪽 발등과 발가락 | 背中下 등 아래

- Iライン I라인 | 両ヒジ下 양쪽 팔꿈치 아래

- 胸 가슴 | 腰 허리

- ヒップ奥 엉덩이 안 쪽

□ チラシの配布停止をご希望の方は下記までご連絡ください。 전단지 배부 정지를 희망하시는 분은 아래로 연락 주세요.

- ミュゼチラシ配布停止窓口 受付時間 9:00~21:00 뮤제 전단지 배포 정지 창구 접수시간

- ☎0120-988-970

- キャンペーン有効期間 캠페인 유효기간 2019年4月30日(火)

□ 4月は両うでまるごと脱毛＋年間パスポートがなんと100円(税抜)! 4월은 양 팔 전체 제모 + 연간 패스포트가 겨우 100 엔(세금별도)!

- 指先まで、両腕まるっとキレイになろう! 손가락 끝까지 양쪽 팔 전체 깨끗해지자!

▷ 新登場 両うでまるごと 年間パスポートたったの100円(税抜)お急ぎください! 새로운 등장 양쪽 팔 모두 연간 패스포트 겨우 100 엔(세금별도) 서둘러 주세요!

▷ 枠に限りがあります!ご予約はお急ぎください 범위에 제한이 있습니다! 예약은 서둘러주세요.

▷ お手軽WEB予約ならあっという間に予約完了! 부담 없는 인터넷 예약이라면 눈 깜작할 새에 예약 완료가 가능합니다!

□ 両ワキ・Vライン脱毛1年間通い放題が付いて 양쪽 겨드랑이・V라인 제모 1년간 무제한 이용 포함하여

▷ 両うでまるごと脱毛ができる年間パスポートが新登場! 양쪽 팔 모두 제모가 가능한 연간 패스포트가 새롭게 등장!

▷ もちろん、「両ワキ」「Vライン」脱毛は1年間通い放題! 指先まで両うでまるごと脱毛できてお値段たったの100円! 물론 양쪽 겨드랑이, V라인 제모는 1년간 무제한 이용 가능! 손가락 끝까지 양쪽 팔 모두 제모가 가능한 가격 겨우 100 엔!

□ ミュゼって実は…女の子のキレイを応援する「美肌サロン」なんです! 뮤제라는 곳 사실은…여자의 아름다움을 응원하는 아름다운 피부 살롱입니다!

□ ミュゼがはじめての方にこそ知ってもらいたい! 뮤제가 처음이신 분에게 꼭 알려드리고 싶다!

▷ 事実1 パーツごとの専用アフターケア 사실1 부위별 전용 애프터케어

▷ 事実2 スキンケアマイスターが在籍 사실2 스킨케어 마이스터가 재적

▷ 事実3 おトクにスキンケア商品が手に入る! 사실3 스킨케어 상품이 손에 들어오니 또 이득!

▷ 脱毛+保湿+毛穴ケアができるミュゼで脱毛を始めて美肌を手に入れ

ましょう! 제모＋보습＋모공 케어가 가능한 뮤제에서 제모를 시작하여 아름다운 피부를 손에 넣읍시다.

☐ ミュゼホワイトニングで、もっと輝く白い歯に!歯のホワイトニング1本500 円(税抜) 뮤제 화이트닝으로 더더욱 빛이 나는 하얀 치아로! 치아 화이트닝 1개 500 엔(세금별도)

☐ ミュゼホワイトニングの施術の3つの特徴 뮤제 화이트닝 시술의 3가지 특징

   ▷ 痛みが少ない! 통증이 적다!

   ▷ 白さが長持ち! 화이트닝이 장시간 지속!

   ▷ 歯科医師 치과의사 ㅣ 衛生士の施術! 위생사의 시술!

☐ 全国に展開中!現在9エリアにOPEN! 전국에 전개중! 현재 9개 지역에 오픈! 北海道 홋카이도 ㅣ 埼玉 사이타마 ㅣ 東京 도쿄 ㅣ 千葉 치바 ㅣ 神奈川 가나가와 ㅣ 愛知 아이치 ㅣ 奈良 나라 ㅣ 香川 가가와

☐ ご予約は今すぐWEBから!24時間無料カウンセリング予約受付中! 예약은 지금 바로 인터넷에서! 24시간 무료 카운슬링 예약 접수중!

☐ カウンセリング予約専門ダイヤル 카운슬링 예약 전문 다이얼 ☎0120-489-450 受付時間 접수시간 10:00~18:00

50. 주름, 잡티 제거 화장품

☐ 浸透 침투 | びっくりです。たった40秒でこの浸透、ハリ 깜짝 놀랐습니다. 40초 만에 이 침투, 생기

☐ パックもできる!夜のためのオールインワン。 팩도 할 수 있다! 밤을 위한 올인원

    ▷ 浸透性コラーゲン 침투성 콜라겐

    ▷ マイクロコラーゲン 마이크로 콜라겐

    ▷ W保湿コラーゲン W보습 콜라겐

    ▷ 生コラーゲン 생 콜라겐

    ▷ プロテクトコラーゲン 프로텍트 콜라겐

    ▷ パックコラーゲン 팩 콜라겐

☐ 夜用オールインワン 야간용 올인원

    ▷ これひとつで、夜のお手入れすべてカバー。 이것 하나로 밤의 피부손질 모든 것을 커버합니다.

    ▷ 塗って寝るだけで簡単にエイジングケアが完了! 바르고 자기만 해도 간단히 에이징 케어가 완료됩니다!

    ▷ 化粧水、乳液、美容液、クリーム、さらにパック効果までプラスした 多機能ゲル。 화장수, 유액, 미용액, 크림 나아가 팩 효과까지 플러스한 다기능 젤라틴

    ▷ 6種類のプレミアムナイトコラーゲンがしっかり浸透。 6종류의 프레미엄

ナイト コラーゲンが 完璧に 浸透　나이트 콜라겐이 완벽하게 침투

▷ ふっくらとしたハリを与えます　탱탱한 생기를 줍니다.

□ 見た目年齢を変える「ハリ」と「うるおい」　외관 연령을 바꾸는 생기와 윤기

　▷ ハリ・うるおいのある肌　생기·윤기가 있는 피부

　▷ 乾燥の目立つ肌　건조가 두드러진 피부

□ 好評につき1家族様1個まで 初めての方限定特別価格!　호평이어서 1가족 1
개까지만 처음 구입하신 분 한정 특별 가격!

　▷ SEAC(シーク)夜用オールインワンゲル約1ヶ月分ハーフサイズ 1,000円
시크 야간용 올인원 젤라틴 약 1개월분 하프 사이즈 1천 엔

　▷ じっくり約1ヶ月間ご体感ください。　차분히 약 1개월간 체감해 봐주세요.

□ お風呂あがり、簡単に使えるところがいいです　목욕 후 간단히 사용할 수 있
어 좋습니다.

□ 時間短縮　시간 단축　朝までしっとりつるつる　아침까지 촉촉이 반들반들

□ うるおいをキープしながら日やけによるシミを防ぐ!　윤기를 유지하면서 햇빛
그을림에 의한 티를 방지한다!

□ 忙しい朝にこれ1本!紫外線をしっかりカットし、日焼けによるシミを防
ぎます。　바쁜 아침에 이것 하나! 자외선을 완벽하게 차단하며 햇빛 그을림에 의한 잡
티를 방지합니다.

□ 免許取得成分配合　면허취득 성분 배합

　▷ 日焼け止め肌に負担をかけずに紫外線をしっかりカット　햇빛 그을림 방
지 피부에 부담을 주지 않고 자외선을 완벽하게 차단합니다.

※出処: 株式会社世田谷自然食品朝用オールインワン(2018)

51. 주부 헬스클럽

□ 創業46年、安心のアルペングループフィットネス 창업 46년, 안심할 수 있
는 알펜그룹 피트니스

▷ 店舗近隣にお住いの方限定キャンペーン 점포 인근에 거주하시는 분 한정 캠페인

▷ 特別ご優待券 14日間フィットネス通い放題500円、今だけ入会金0円

특별 우대권 14일간 피트니스 무제한 이용 500 엔, 지금 등록하시면 입회금 0 엔

□ 健康対策 건강 대책 | 40歳から始めるかんたん健康対策! 40세부터 시작하는

간단 건강 대책!

▷ たった500円で14日間フィットネス通い放題! 好きなときに行ける! 단

500 엔에 14일간 피트니스 무제한 이용! 원하는 시간에 갈 수 있다!

□ 女性限定のフィットネスだからとっても通いやすい 여성 한정 피트니스이므

로 쉽게 다닐 수 있다.

▷ 運動は1回たったの30分! 운동은 1회에 단 30분!

▷ スタッフも会員様も全員女性! 직원도 회원분도 전원 여성입니다!

▷ ご来店前の事前予約不要! 내점 전의 사전예약은 필요 없습니다!

▷ 運動不足を楽しく解消♪ 즐겁게 운동부족을 해소합니다.

□ 駆け込み寺 상담소 | 運動が苦手な方の駆け込み寺です 운동을 힘들어 하시

는 분이 쉽게 이용할 수 있는 상담소입니다.

▷ 普通のフィットネスは気後れする。 보통의 피트니스는 주눅이 든다.

▷ 若い子ばっかりで行きにくい。 젊은이들만 있어서 가기가 어렵다.

▷ 運動が続かない。 금방 운동을 그만 둔다.

□ 運動が苦手でも安心なアルペンクイックフィットネスの3つの特徴! 운동
이 힘들어도 안심할 수 있는 알펜 퀵 피트니스의 3가지 특징!

▷ 簡単マシーントレーニングで仲間と楽しく運動ができる! 간단 머신 트레
이닝으로 동료와 즐겁게 운동을 할 수 있다!

▷ パーソナルケアで自分にあった運動法が受けられる! 퍼스널 케어로 자신에
게 맞는 운동법을 받을 수 있다!

▷ 運動×ゲルマニウムの相乗効果で効率よく痩せる! 운동×게르마늄의 상승효
과로 효율적으로 살이 빠진다.

□ 毎月通い放題でお財布に優しい料金設定です! 매달 무제한 이용으로 부담 없
는 요금 설정

▷ 入会金 입회금 初回のみ 첫 회만 5,400円

▷ 月契約 월 계약 月払い 월 분할 5,400円~

▷ 年契約 연 계약 月払い 월 분할 4,950円~

□ 初回60分トレーニングの流れ 첫 회 60분 트레이닝의 흐름

▷ ご来店 내점 | 事前にご予約し、 ご来店ください。 入会後の事前予約
は必要ありません。 사전에 예약하시고 나서 내점해 주세요. 입회 후의 사전 예약
은 필요 없습니다.

▷ カウンセリング 카운슬링 | 専門のトレーナーがお客様の生活習慣などを

丁寧にカウンセリング致します。전문 트레이너가 고객 분들의 생활습관 등을 정성껏 카운슬링해 드리겠습니다.

▷ 測定｜体脂肪率、筋肉量、内臓脂肪など、身体の状態をチェックします。측정-체지방률, 근육량, 내장지방 등, 신체 상태를 체크합니다.

▷ サーキットトレーニング｜トレーニングを有酸素運動、筋トレ、ストレッチの分野に分け、順番に実施します。서킷 트레이닝｜트레이닝을 유산소운동, 근육 트레이닝, 스트레치 분야로 나누어 순서에 맞춰 실시합니다.

▷ ゲルマニウム温浴｜便秘、冷え性、ダイエットに効果の高いゲルマニウム温浴で運動効果を高めます。게르마늄 온욕｜변비, 냉한 체질, 다이어트에 효과가 높은 게르마늄 온욕으로 운동효과를 제고합니다.

▷ アフターケア 애프터케어｜自宅でもできる簡単な運動、食事など、トレーナーからアドバイスさせていただきます。자택에서도 할 수 있는 간단한 운동, 식사 등 트레이너가 직접 조언을 합니다.

□ 多くのお客様にご満足いただいております。많은 고객 분들께서 만족감을 보여주고 계십니다.

▷ 短期間でダイエットに成功!その効果にビックリです! 단기간에 다이어트에 성공! 그 효과에 놀라실 것입니다.

▷ 女性専用でしかも30分の運動だから続けられます! 여성 전용이며 또 30분 운동이므로 포기하지 않고 계속해서 운동이 가능합니다!

▷ 楽しくて即入会!続けることで健康促進! 즐거워서 바로 입회! 계속하는 것으로 건강을 촉진합니다!

※출처: アルペンクイックフィットネス 相模原(2019)

52. 주유소

□ 車検 자동차검사 | 車検予定のお客様　イベント期間中にご予約で車検基本料10,000円引き!! 자동차검사 예정인 고객님 이벤트 기간 중에 예약하시면 자동차 검사 기본료 1만 엔 할인해 드립니다!!

□ ボディリペア 차체 수리 | ボディリペア キズ・ヘコミ直します 차체 수리 스크래치와 움푹 패어들어 간 것 고칩니다.

□ 予約 예약 | 期間中のご予約で20%OFF 기간 중에 예약하시면 20% 할인해 드립니다.

□ コーティング 코팅 | 期間中クリスタルキーパースタンダードコース以上ご予約でコーティング20%OFF 기간 중 크리스털 키퍼 스탠다드 코스 이상 예약하시면 코팅 20% 할인해 드립니다.

□ 無料 무료 | 信頼のダンロップタイヤ 期間中にタイヤ4本ご購入で1本無料!! 신뢰의 던롭 타이어 기간 중에 타이어 4개 구입하시면 타이어 1개가 무료입니다!! 4本セット価格 通常: 37,170円 ▶30,570円 4개 세트 가격 통상 37,170엔

□ 自動車保険 자동차보험 | 自動車保険取り扱いスタートしました! 자동차보험 취급을 스타트했습니다! 自動車保険のことなら相談・申込み加入後までいつものENEOSにお任せください!! 자동차보험에 관련한 일이라면 상담·신청 후 가입까지 늘 함께하는 에노스에 맡겨주세요!!

□ 見積り 견적 | 今ならお見積り無料で作成!! 지금 신청하시면 견적 무료로 작성해 드립니다!!

□ 保険証券 보험증권 | 保険証券・車検証のコピーを頂き、お見積りをして頂いたお客様に15箱BOXティッシュプレゼント!! 보험증권・차량검사증 복사를 받아 견적에 응해주신 고객 분에게 갑 티슈 15통을 선물로 드립니다.

□ 持参 지참 | コピーを頂きます。ご持参ください。복사본을 받습니다. (보험증권, 차량검사증) 지참해주세요.

□ 廃車 폐차 | 廃車不用車いらなくなったお車は当店へ!手続きはおまかせ!! 폐차되어 쓰지 못하게 된 차는 본 영업소로! 수속은 맡겨주세요!!

□ 買い取り 매수(매입) | 動けばOK!! 買い取り始めました。1万円で買い取り!! 차가 움직이기만 하면 됩니다. 매수 취급을 시작했습니다. 1만 엔에 매수합니다.

□ 店頭スタッフ 점두 직원 | ご不明な点やご相談ございましたらお電話または店頭スタッフにお気軽にお問い合わせください。불명확한 점이나 상담이 있으시면 전화 또는 점두 직원에게 문의해 주십시오.

□ 来店 내점(가게로 옴) | スタッフ一同お客様のご来店を心からお待ちしております。직원 일동, 고객님의 내점을 진심으로 기다리고 있습니다.

□ 大感謝祭 대감사제 | おかげさまで4周年! お客様大感謝祭 イベントタイム 9:00~19:00 덕분에 4주년을 맞이했습니다! 고객님 대감사제 이벤트 타임

□ 給油 급유 | ガソリン・軽油20ℓ以上給油でトイレットペーパー8ロールプレゼント!! 가솔린・경유 20리터 이상 급유하시면 화장지 8롤을 선물로 드립니다!!

□ クーポン 쿠폰 | BOXティッシュ3箱引き換えクーポンプレゼント!! 갑 티슈 3통 교환쿠폰을 선물로 드립니다.

□ メンテナンスクーポン 차량관리 쿠폰 | もらった日から12月24日まで使えるメンテナンスクーポンプレゼント! 받은 날로부터 12월 24일까지 사용할 수 있는 차량관리 쿠폰을 선물로 드립니다.

□ ティッシュ 티슈 | ご来店3回に1回ティッシュがもらえる。スタンプカードプレゼント!! 3번을 저희 주유소에 오시면 1번을 티슈를 받을 수 있습니다. 스탬프 카드도 선물로 드립니다!!

□ 文具 문구 | 同乗のお子様にもプレゼント! ミニミニキャラクター文具セットプレゼント!! 동승하신 자녀분들에게도 선물을 드립니다. 미니미니 캐릭터 문구 세트를 선물로 드립니다.

□ 入会 입회 | タブレット入会でBOXティッシュ5箱プレゼント!! 태블릿으로 입회하시면 갑 티슈 5통을 선물로 드립니다!!

※ 출처: 株式会社ENEOSフロンティアDr.Driveセルフ東橋本店(2018)

53. 주택시장 오픈

□ **GARBO CITY** ガルボシティ 町田市 図師町 15期 가르보 시티 마치다 시즈시마치 15기

□ 緑豊かな野津田公園の並木に連なる全15邸 堂々完成 푸른 녹색이 풍요로운 노즈타공원의 가로수로 이어지는 15채의 저택을 당당히 완성하였습니다.

□ 今週[土][日]現地販売会開催- 販売価格2,850万円(税込)より 이번 주 토요일, 일요일 현지 판매회를 개최- 판매가격 2,850만 엔(세금포함)부터

　▷ リビング 거실 | 玄関 현관 | キッチン 부엌 | 洋室 서양식 방 | 浴室 욕실

□ カーナビをご利用のお客様は右記住所を入力してください ▶町田市図師町2987-8 차량 내비게이션을 이용하시는 고객님들은 오른쪽 주소를 입력해주세요.

□ 1号棟 3LDK 1호동 3LDK 土地面積/140.18㎡(42.40坪) 토지면적/140.18㎡ (42.40평) 販売価格 2,950万円(税込) 판매가격 2,950만 엔(세금포함)

　▷ 玄関 현관 | ポーチ 현관 앞 주차공간 | ホール 홀

　▷ たたみコーナー 다타미 코너 | 洗面 세면 | 脱衣 탈의

　▷ 浴室 욕실 | 収納 수납 | 小屋裏収納 다락방처럼 생긴 공간 | クローゼット 옷 걸어 두는 곳 | ウォークイン・クロゼット 워크인 클로짓 | バルコニー 발코니

□ 暮らしを彩る充実した設備・仕様 생활을 수놓는 충실한 설비・사양

▷ フラット35S 대출상품명(장기고정금리 주택대출)

▷ 大型浴室TV 대형욕실 텔레비전
　おおがたよくしつ

▷ 浴室乾燥機 욕실건조기
　よくしつかんそうき

▷ ビルトイン食洗機 내장형 식기세척기
　しょくせんき

▷ 浄水機一体シャワー水栓 정수기 일체 샤워밸브
　じょうすいきいったい　　　すいせん

▷ ハンドシャワー付洗面台 핸드샤워가 딸린 세면대
　　　　　　　　せんめんだい

▷ 洗面室暖房機 세면실 난방기
　せんめんしつだんぼうき

▷ LOW-Eペアガラス LOW-E 2중 창문

▷ トイレ2か所 화장실 2개소

▷ ウォシュレット 비데

▷ ノンワックスフローリング 왁스칠하지 않은 마룻바닥

▷ カラーモニター付インターフォン 컬러 모니터가 딸린 인터폰

▷ カードキー 카드키

▷ 屋根裏収納 다락방 수납
　やねうらしゅうのう

▷ LED照明 LED조명
　　　しょうめい

▷ べた基礎 주택지반을 철근 콘크리트화한 것
　　　き そ

▷ 対面キッチン 대면 키친
　たいめん

▷ シャッター面格子 셔터 면격자(격자모양으로 봉이 설치된 것)
　　　　　めんごうし

▷ 床下収納 마루 아래 수납
　ゆかしたしゅうのう

▷ 都市ガス 도시가스

▷ ウォークインクロゼット 워크인 클로짓

▷ 小屋裏 다락방
　こやうら

▷ 押し入れ 벽장

▷ 和室 일본식 방

▷ ポーチ 현관 앞 주차 공간

▷ ホール 홀

▷ 下足箱 신발장

▷ テラス 테라스

▷ 屋根洋瓦葺き 지붕이 서양식 기와로 덮여 있음

▷ 外壁モルタル左官仕上げ 외벽을 모르타르(시멘트와 모래를 섞어 물로 갠 것)로 미장 마감

▷ 網戸全窓標準 전체 창문 방충망을 표준으로 한 것

▷ ガラストップコンロ 상단부가 유리로 된 가스레인지

▷ 居室以外の照明器具すべて標準 거실 이외의 조명기구 모두 표준임

　※ 標準仕様は予告なく変更する場合がございます。 표준 사양은 예고 없이 변경되는 경우가 있습니다.

※출처: 株式会社イーカム神奈川県相模原市緑区橋本3-11-8 ☎0120-730-433(2018)

54. 중고의류 매매

☐ 来年 내년 | 来年着る服ありますか? 내년에 입을 옷 있습니까?

☐ 今年 금년 | この服、今年も着なかった… 이 옷 올해도 입지 않았다…

☐ 古着活用 헌옷 활용 | そんな悩めるあなたにトレファクスタイルから古着
活用のご提案 헌옷 활용에 고민하시는 당신에 트레팍스타일에서 헌옷 활용을 위해
제안 드립니다.

☐ 地元店舗 | 地元店舗で古着をお得に売ったり買ったり 지역 점포 지역점포에
서 헌옷을 실속 있게 팔기도 사기도 합니다.

☐ パスポート 패스포트 | ご近所様限定パスポート 점포 인근에 거주하시는 분 한
정 패스포트

☐ クローゼット 클로짓 | 新年を迎える前にクローゼットをスッキリと! 새해
를 맞이하기 전에 클로짓(옷장)을 말끔히 정리합시다!

☐ 大晦日 섣달그믐 | 大晦日まで本パスポートご持参で買取金額何度でも
20%UP 섣달그믐까지 본 패스포트 지참하시면 매수 금액 몇 번이라도 20% 올려 매입
합니다.

☐ 目白押し 대성황 | イベント目白押し! 이벤트 대성황

□ 年末年始 <ruby>年末年始<rt>ねんまつねんし</rt></ruby> 연말연시 | 年末年始オシャレのお手伝い! 연말연시 멋진 모습을 도와드립니다.

□ 洋服全品 <ruby>洋服全品<rt>ようふくぜんぴん</rt></ruby> 양복 전품 | このパスポートご持参で洋服全品10%OFF 이 패스포트 지참하시면 양복 전품 10% 할인

□ クーポン・キャンペーン 쿠폰·캠페인 | 他のクーポン・キャンペーンとの併用はできません。 <ruby>併用<rt>へいよう</rt></ruby>다른 쿠폰·캠페인과의 병용은 안 됩니다.

□ 商品 상품 | 割引されている商品は対象外となります。 할인된 상품은 대상이 아닙니다.

□ 店舗 점포 | 下記店舗でのみご利用いただけます。 하기한 점포에서만 이용하실 수 있습니다.

□ 買取金額 <ruby>買取金額<rt>かいとり</rt></ruby> 매수 금액 | 本パスポートご持参で買取金額20%UP 본 패스포트를 지참하시면 매수 금액 20% 올려 구입합니다.

※ 출처: TreFacStyle 橋本店チラシ(2018)

55. 지역 자치회 활동 정보

☐ 私たちが取り組む5つのまちづくり 우리들이 착수하려는 다섯 가지 동네 조성

☐ 安全なまちづくり 완전한 동네 조성

▷ 防犯パトロールや登下校の子どもたちを見守る交通安全活動、防犯灯
の設置など、安全で住みよいまちづくりに取り組んでいます。 방범 순찰
과 등하교 자녀들을 지키는 교통안전 활동, 방범등의 설치 등, 안전하고 살기 좋은 동네
조성에 임하고 있습니다.

☐ きれいなまちづくり 아름다운 동네 조성

▷ ゴミ集積場の設置・管理、ゴミ分別の徹底、ゴミ拾いや草取りなど、
まちの美化に取り組んでいます。 쓰레기 집하장의 설치・관리, 철저한 쓰레기
분별, 쓰레기 줍기와 풀 뽑기 등, 동네의 미화에 임하고 있습니다.

☐ 安心で楽しいまちづくり 안심하고 즐거운 동네 조성

▷ 地域全体が顔見知りになることで、子どもからお年寄りまで、安心し
て暮らせるよう取り組んでいます。 지역 전체가 서로 아는 사이가 되는 것으
로 어린이부터 연세 드신 분까지 안심하고 살아갈 수 있도록 힘쓰고 있습니다.

☐ 災害に強いまちづくり 천재지변에 강한 동네 조성

▷ 災害に備え、自主防災組織を作って訓練を実施したり備蓄をするなど、いざというときに助け合えるよう取り組んでいます。 재해에 대비하여 자주적 재난방지 조직을 만들어 훈련을 실시하거나 비축을 하는 등, 만일의 사태 발생 시 서로 도울 수 있도록 힘쓰고 있습니다.

□ 絆あふれるまちづくり 유대감이 넘치는 동네 조성

▷ お祭りや運動会などのイベントを開催し、住民同士の交流を深め、温かい絆づくりに取り組んでいます。 마쓰리와 운동회 등의 이벤트를 개최하고 주민끼리 교류를 심화하며 따뜻한 유대감 조성에 힘쓰고 있습니다.

□ 災害に助け合えるのはご近所同士です。 재해 시 서로 도울 수 있는 것은 이웃밖에 없습니다.

▷ 自助 자조 自分で自分を守る 스스로 스스로를 지킨다.

▷ 共助(近助) 공조 地域の人と共に助け合う 지역민과 함께 서로 돕는다.

▷ 公助 공조 行政による支援や救助 행정에 의한 지원과 구조

□ 自治会 자치회 Q&A

Q: 自治会費の使い道は? 자치회비의 용도는 무엇인가요?

A: ゴミ集積場の維持管理や災害時の防災備品、お祭りや運動会など、みなさんが安心して楽しく暮らせるために使っています。 쓰레기 집하장의 유지관리나 재해시의 재난방지 비품, 마쓰리나 운동회 등 여러분이 안심하고 즐겁게 살 수 있기 위해 사용하고 있습니다.

Q: お祭りなどのイベントや掃除活動、防犯パトロールなどの自治会活動への参加は必要ですか? 마쓰리 등의 이벤트나 청소활동, 방범순찰 등의 자치회 활동 참가는 필요한가요?

A: ぜひ積極的に参加してください。参加者からは、「知り合いが増えた」「外に出るのが楽しくなった」という感想が多数寄せられています。

꼭 적극적으로 참가해주세요. 참가자들로부터 "지인이 늘어났다" "외출이 즐거워졌다."라는 감상이 많이 들어오고 있습니다.

Q: プライバシーを守りたいのですが、大変ではないですか? 프라이버시를 지키고 싶은데 너무 바쁘지 않을까요?

A: 会費の徴収やイベント営業、会議の出席などがありますが、期限を設け、当番制にして一人あたりの負担を軽くしています。 회비의 징수와 이벤트 영업, 회의 출석 등이 있습니다만 기한을 설정하여 당번제로 1인당 부담을 가볍게 하고 있습니다.

□ 橋本地区自治会連合会マップ 하시모토지구 자치회 연합회 지도

▷ 相原連合-二本の松がシンボルの相原地区は、毎年、文化の日に二本松商店街を歩行者天国にし、住民相互の親睦と連帯意識の高揚を図り、明るいまちづくりを推進することを目的に、ふるさとまつりを開催しています。老若男女が安心して楽しく過ごせる魅力ある地域です。 아이하라 연합-두 그루의 소나무가 심벌인 아이하라 지구는 매년 문화의 날에 니혼마쓰 상점가를 보행자 천국으로 조성하여 주민 상호간의 친목과 연대의식의 고양을 도모하고 밝은 동네 조성을 추진하는 것을 목적으로 고향 조성을 개최하고 있습니다. 남녀노소가 안심하고 즐겁게 지낼 수 있는 매력 있는 지역입니다.

▷ 橋本連合-夏祭り、初日は子ども神輿が自分の町内を、翌日は小学生から大人まで太鼓・神輿・三車を引き全自治会を渡卸します。祭り前橋本囃子連は子ども達に太鼓の指導をし、文化の伝承をします。様々な場で住民の交流を図り、住み続けたい橋本にしたいと願って

います。 하시모토연합-여름축제. 첫날은 아이들의 미코시가 자신이 사는 동네를, 다음 날은 초등학생부터 어른까지 북·미코시·삼거를 끌며 전 자치회를 행차합니다. 마쓰리 전 하시모토 하야시렌은 어린이들에게 북 치는 법을 지도하며 문화를 전승합니다. 다양한 공간에서 주민의 교류를 꾀하고 계속해서 살고 싶은 하시모토가 되기를 바라고 있습니다.

▷ 宮上連合-境川そば、中央区との境にこの地の氏神様として天縛皇神社があります。 四百八十余年の歴史があり緑に囲まれ、四季折々を楽しませてくれます。 初詣から始まり8月の例大祭、11月には七五三の御祝いがあります。 散歩コースの一つに入れてはいかがですか。 미야카미연합-사카이카와 옆, 중앙구와의 경계에 이 지역의 우지가미님이신 텐바쿠코신사가 있습니다. 480여년의 역사가 있으며 초록으로 에워싸여 사계절의 정서를 즐기게 해 줍니다. 새해 첫 참배부터 시작되어 8월의 레이타이사이(1년에 한두 번 열리는 신사 행사), 11월에는 시치고산의 축하행사가 있습니다. 산책 코스의 하나로 삼으면 어떨까요?

※ 출처: 橋本地区自治会(2019)

56. 집안 청소 대행 및 중고물품 구입

☐ ハウスクリーニング 집안청소

お掃除のお困りごとはプロにおまかせください! 청소가 곤란하실 때는 프로에게 맡겨주십시오!

キッチン 부엌 | レンジフード 레인지 환풍기 | エアコン 에어컨 | 浴室 욕실 | 洗面所 세면소 | トイレ 화장실 | 床 마루 | 窓 창문

☐ クリーニング 청소 | その他のクリーニングも承ります!お気軽にご相談ください。 그 밖의 청소도 접수합니다. 부담 없이 상담하십시오.

☐ 格安 저렴한 가격 | 格安ライトクリーニングプランもございます! 저렴한 가격의 라이트 클리닝 플랜도 있습니다.

☐ 電気 전기・水道 수도 | 作業を行う際に電気・水道を使用させていただきます。 작업할 때에 전기 및 수도를 사용합니다.

☐ かたづけ 정리 | お庭のかたづけ 面倒な作業はすべておまかせください! 정원의 정리 성가신 작업은 모두 맡겨주십시오!

物置 창고 | 植木鉢 화분 | ブロック 블록 | レンガ 벽돌 | 草むしり 풀 뽑기

☐ 草刈り 풀베기 | 草刈り 풀베기・枝切りなども、 かたづけ致します。 나뭇가지 자르기 등도 정리해드립니다.

☐ お家のかたづけ 집안 정돈- 家電用品・業務用品どんなものでも一個から回

収いたします。 가전제품 및 업무용품 등 어떠한 것이라도 1개부터 회수해 드립니다.

□ 便利屋 심부름센터 | 便利屋の私たちが「信頼」と「安心」をモットーに解

決いたします。 심부름꾼인 저희들이 "신뢰"와 "안심"을 모토로 해결해 드립니다.

出張買取も受付けます! 출장 매수도 접수합니다.

□ こんな時に便利です! 이럴 때에 편리합니다.

   ▷ お部屋のかたづけ時に 방 정돈 시

   ▷ お引越しの整理時に 이삿짐 정리 시

   ▷ 遺品整理・生前整理時に 유품정리 및 생전 정리 시에

   ▷ リフォーム・家の解体時に 개조 및 집 해체 시에

   ▷ 施設への入居・退去時に 시설에 입거 및 퇴거 시에

   ▷ お庭やガレージの整理時に 정원이나 차고정리 시에

□ こんなものがかたづけられます! 이런 것도 정리해 드립니다!

   ▷ テレビ 텔레비전 | 電子レンジ 전자레인지 | エアコン 에어컨 | ソファー

소파 | ベッド 침대 | 冷蔵庫 냉장고 | 洗濯機 세탁기 | 物置 창고 | 衣装

의상 | バイク 바이크

   ▷ 自転車 자전거 | オーディオ 오디오 | パソコン 퍼스널 컴퓨터 | タンス 장

롱 | 金庫 금고 | 楽器 악기 | 寝具 침구 | ベビー用品 유아용품 |

事務用品 사무용품 | 植木回収 심은 나무 회수 | その他どんなものでも

回収いたします! 그 밖에 어떠한 것이라도 회수해 드립니다.

□ 見積無料 견적 무료 お電話一本で費用の概算を即答します。 전화 한 번에
비용의 개산을 즉답해드립니다.

□ 分解処理 분해 처리 | エアコン・物置は取外し、分解処理いたします。
에어컨 및 물건 두는 곳은 해체하여 분해 처리해드립니다.

□ 実施中 실시중 | お家まるごとかたづけキャンペーン実施中! 집 전체 정돈
캠페인 실시중!

□ 格安受付中 염가 접수중 | 引越のサポート・ハウスクリーニング・お庭の
かたづけも格安受付中 이사 서포트 및 집안 청소 및 정원의 정돈도 염가로 접수중
입니다.

□ 全域 전역 | 神奈川県全域に対応しております。まずはお気軽にお問い
合わせください。가나가와 현 전역에 대응하고 있습니다. 우선은 부탐 없이 문의해
주십시오.

□ 相談 상담 | 1点からでもお伺いします!まずはご相談ください!! 한 점이라도
찾아뵙겠습니다. 우선 상담해주십시오.

□ 不用品の買取 쓰지 않는 물건의 매수 | 引取 인수 | お片付け 정돈 | お引っ
越し・ハウスクリーニングはおまかせください!! 이사・집안청소는 맡겨주십
시오.

  ▷ お見積り 견적 | ご相談 상담 | 出張費0円 출장비 0 엔

□ 買取強化キャンペーン 매수 강화 캠페인

  ▷ 家具・家電 가구 및 가전제품 | バイク・自転車 바이크 및 자전거 | エアコン
에어컨

  ▷ 冷蔵庫 냉장고 | 洗濯機 세탁기 | テレビ 텔레비전 | パソコン 퍼스널 컴퓨터

  ▷ 自動車 자동차 | ゲーム機 게임기 | 楽器 악기 | 農機具・工業機械 농기구
및 공업기계

☐ お引越し・不動産案件・相続などお部屋・一軒まるごとお片付けも可能です！

　　이사·부동산 안건·상속 등 방·한 채 몽땅 정돈도 가능합니다!

☐ 急なお片付け、限られた日時などもOK!即日対応も致します！ 시급한 정

　　돈, 한정된 일시 등도 오케이! 즉일 대응도 해드립니다!

※출처: 株式会社エコモーション リサイクル事業部(2018)

☐ お掃除 청소

☐ キッチン 부엌

☐ レンジフード 가스레인지 환풍기

☐ エアコン 에어컨

☐ 浴室 욕실

☐ 洗面所 세면소

☐ トイレ 화장실

☐ 床 마루

☐ クリーニング 청소

☐ 作業 작업 | 面倒な作業はすべておまかせください！ 성가신 작업은 모두 맡겨

　　주세요!

☐ お家 집 | お家のかたづけ 집 정돈

☐ 窓 창문

☐ 家具 가구

☐ 家電 가전제품

☐ 農機具 농기구

□ 工業機械 공업기계
　こうぎょうきかい

□ 相続 상속
　そうぞく

□ 株式会社 주식회사
　かぶしきがいしゃ

□ 受付時間 접수 시간
　うけつけじかん

□ 年中無休 연중무휴
　ねんちゅうむきゅう

□ インターネット事業部 인터넷 사업부
　　　　　　　　じぎょうぶ

□ リサイクル事業部 재활용 사업부

□ アルバイトスタッフ募集中 아르바이트생 모집중
　　　　　　　　　ぼしゅうちゅう

□ 人事担当 인사담당

※출처: エコロジスタサービス(2018)

57. 청소용품 세일

□ ダスキン55周年 感謝の特典 キャンペーン 다스킨 55주년 감사의 특전 캠페인

□ ダスキン厳選商品が無料体験! 다스킨 엄선 상품이 무료 체험

▷ おそうじベーシック34 週間標準レンタル料金 1,890円(税込) 청소 베이
식34주년 표준 렌탈 요금 1,890 엔(세금포함)

基本の3点セットで、気になるホコリを手軽にしっかりおそうじ! 기본
3점세트로 신경 쓰이는 먼지를 부담 없이 완전히 청소!

▷ スタイルフロアアララ 4週間標準レンタル料金 1,260円(税込) 스타일 플
로어 아라라 4주년 표준 렌탈 요금 1,260 엔(세금 포함)

気になるホコリを舞い上げずに床のすみずみまでキレイ! 신경 쓰이는 먼
지를 날리지 않고 마루 구석구석까지 깨끗이!

▷ スタイルハンディシュシュ 4週間標準レンタル料金864円(税込) 스타일
핸디슈슈 4주간 표준 렌탈 요금 864 엔(세금포함)

細かい場所のホコリもサッとなでてスッキリ! 자질구레한 곳의 먼지도 쓰윽
쓰다듬어 말끔하게!

▷ スタイルクリーナー 4週間優待レンタル料金 302円(税込) 스타일 클리너
4주간 우대 렌탈 요금 302 엔(세금포함)

モップのホコリをシュッと吸い取っておそうじ完了!モップについたホコリも 밀대의 먼지를 쓰윽 흡수하여 청소 완료! 밀대에 붙은 먼지도

▷ スタイルフロアサララ 4週間標準レンタル料金 1,206円(税込) 스타일 플로어 사라라 4주간 표준 렌탈 요금 1,260 엔(세금포함)

デリケートな床材にも使える吸着剤加工されていないモップ。 예민한 마루재에도 사용이 가능한 흡착제가 가공되어 있지 않은 밀대

▷ すっきり除菌モップ 4週間標準レンタル料金313円(税込) 말끔히 닦아내는 제균 밀대 4주간 표준 렌탈요금 313 엔(세금포함)

抗菌剤を配合した洗浄成分とパイル構造でカンタン拭きそうじ。 항균제를 배합한 세정 성분과 파일 구조로 간단히 닦아내는 청소

凸凹で軽いホコリやゴミもしっかりキャッチ! 올록볼록하고 가벼운 먼지나 쓰레기도 완벽하게 캐치!

▷ 家庭用玄関マット2 敷くだけで、汚れにくい玄関に! 가정용 현관 매트2를 바닥에 까는 것만으로 더러워지기 어려운 현관이 됩니다.

4週間標準レンタル料金 756円(税込) 4주간 표준 렌탈 요금 756 엔(세금포함)

▷ 美味しい水＋2 大流量カートリッジ 4週間標準レンタル料金 2106円(税込) 맛있는 물+2 대유량 카트리지 4주간 표준 렌탈 요금 2106 엔(세금포함)

スピード除去で浄水がジャバジャバ出てくる!野菜もお米も安心して洗える! 빠르게 제거하여 정수물이 콸콸 나온다! 야채도 쌀도 안심하고 씻을 수 있다.

残留塩素の除去率 95% 잔류 염소 제거율 95%

▷ 浴室用浄水シャワー 4週間標準レンタル料金 864円(税込) 욕실용 정수 샤워 4주간 표준 렌탈 요금 864 엔(세금포함)

水道水中の残留塩素を取り除き、髪やお肌を守る優れモノ!肌や髪に

やさしい浄水で洗う 수돗물 안에 잔류한 염소를 제거하고 머리카락과 피부를 지

키는 역작! 피부와 모발에 좋은 정수로 씻는다.

▷ レンジフードフィルター ガラス繊維タイプ フィルター4週間定期補充

料金 594円~ 레인지후드 필터 유리 섬유 타이프 휠터 4주간 정기보충 요금 594 엔~

厚みのある立体構造で油煙をしっかり捕集 定期交換で手間いらず 두

께가 있는 입체구조로 매연을 완벽하게 포집, 정기적으로 교환하여 수고를 든다.

□ 日頃の感謝の気持ちを込めて ダスキン厳選商品が4週間 無料体験! 평소

감사의 기분을 담아 다스킨이 엄선한 상품이 4주간 무료체험!

期間中、下記の1~10の商品の中から3つまで無料体験いただけます。

기간중 하기 1~10개의 상품 중에서 3개까지 무료로 체험하실 수 있습니다.

▷ おそうじベーシック3 청소 베이식3

ホコリ、床のすみずみまでキレイ! すき間サッとなでてスッキリ! 먼지,

마루 구석구석까지 깨끗이~ 빈틈을 쓱싹 쓰다듬어 말끔해진다!

※ 출처: 株式会社ダスキンのチラシ(2019)

□ 관련 단어

▷ ランプシェード 램프 셰이드 | 大理石 대리석 | 除菌モップ 제균(균을 제거

하는) 밀대 | 蛇口直結型浄水器 수도꼭지 직결형 정수기 | 大流量カート

リッジ 대유량 카트리지 | スピード除去 빠른 제거 | ジャバジャバ出る

콸콸 나오다 | 野菜 야채 | お米 쌀 | 残留塩素 잔류염소 | 除去率 제거율

| ガラス繊維タイプ 유리섬유 타입 | 立体構造 입체구조 | 油煙 기름 매

연 | 捕集 포집 | 白木 백목 | 無垢材 무구재 | 抗菌剤 항균제 | 配合
배합 | 洗浄成分 세정성분 | 自動走行 자동주행 | ロボットクリーナー
로봇청소기

※ 출처: 株式会社ダスキン 0120-100100(2018)

58. 카레라이스 배달

□ 宅配カレー弁当 택배 카레라이스 도시락

できたてをお届けします! 방금 만든 도시락을 배달해드립니다.

□ 蒸し鶏とバジルオニオンのサラダ プラス コーン 찜닭과 바질 양파 샐러드 플러스 옥수수

□ 大人のスパイスカレー 어른이 먹는 스파이스 카레라이스

▷ 辛さが選べます。 매운 맛을 선택할 수 있습니다.

甘口はできません 단맛은 선택할 수 없습니다.

□ わさびタルタルソース 고추냉이 타르타르 소스

▷ シャキシャキ食感と爽やかな風味がクセになる。 아삭아삭한 식감과 상쾌한 풍미가 특징

□ 手仕込みササミカツカレー プラス わさびタルタルソース 즉석에서 만든 닭안심살 가쓰카레 플러스 고추냉이 타르타르 소스

□ もっちり包みカレーナン 카레가 들어간 빵 이름

□ 濃厚バニラアイスクリーム 진한 바닐라 아이스크림

▷ 取り扱っていない店舗もございます。 취급하지 않는 점포도 있습니다.

☐ 宅配注文もできる。テイクアウト予約もできる。 택배주문도 가능하다. 테이크아웃 예약도 가능하다.

☐ オーダーはこちらから(スマートフォン)。 주문은 이쪽에서(핸드폰)

☐ カレーハウスCoCo壱番屋のネット注文サイト 카레하우스 코코 이치반야 인터넷 주문 사이트

☐ 仕込みささみカツカレー 즉석 닭안심살 가쓰카레 国産鶏使用 국산 닭 사용

☐ 大人のスパイスカレー 어른이 먹는 스파이스 카레라이스

5つのスパイスがフリカカル! 다섯 가지 스파이스(향신료)가 들어간다.

☐ 手仕込みヒレカツカレー 즉석 생선 지느러미 가쓰카레

☐ 手仕込みトンカツカレー 즉석 돼지고기 가쓰카레

☐ ポークカレー 돼지고기가 들어간 카레라이스

☐ ビーフカレー 비프카레

☐ パリパリチキンカレー 탱글탱글 치킨카레

☐ 豚しゃぶカレー 돼지고기 샤브샤브카레

☐ クリームコロッケカレー(カニ入り) 크림 고로케카레(게맛살 들어감)

☐ きのこカレー 버섯카레

☐ ハッシュドビーフ 해시드비프카레

☐ 牛カルビ焼肉カレー 쇠갈비구이카레

☐ ソーセージカレー 소시지카레

☐ ハンバーグカレー 햄버그카레

☐ チーズカレー 치즈카레

☐ スクランブルエッグカレー 스크럼블 에그 카레

☐ ビーフカツカレー 비프가쓰카레

☐ 半熟タマゴ鶏つくねカレー 반숙계란과 다진 닭고기가 들어간 카레라이스

☐ チキンにこみカレー 닭을 푹 삶아 만든 카레

☐ 納豆カレー 낫토카레

☐ たっぷりあさりカレー 바지락이 많이 들어간 카레

☐ イカカレー 오징어카레

☐ フィッシュフライカレー 생선튀김카레

☐ チーズインハンバーグカレー 치즈가 들어간 햄버그카레

☐ メンチカツカレー 멘치카쓰카레

☐ やさいカレー 야채카레

☐ ほうれん草カレー 시금치카레

☐ エビカツカレー 새우카쓰카레

☐ エビにこみカレー 새우를 푹 삶은 카레

☐ 海の幸カレー 해산물이 들어간 카레

☐ エビあさりカレー 새우와 바지락이 들어간 카레

☐ トマトアスパラカレー 토마토와 아스파라거스가 들어간 카레

☐ なすカレー 가지가 들어간 카레

☐ 豚しゃぶカレープラスほうれん草 돼지고기 샤브샤브 카레라이스 플러스 시금치
카레

☐ ロースカツカレープラスやさい 로스카쓰카레 플러스 야채

☐ 大人のスパイスカレーTHEポークプラスやさい 어른 스파이스 카레 돼지고기
플러스 야채

☐ 大人のスパイスカレーTHEポークプラススクランブルエッグ 어른 스파이스 카레 돼지고기 플러스 스크램블 에그(계란)

☐ 大人のスパイスカレーTHEポークプラスソーセージ 어른 스파이스 카레 돼지고기 플러스 소시지

☐ サラダ 샐러드

　▷ ヤサイサラダ 야채샐러드

　▷ タマゴサラダ 계란샐러드

　▷ コーンサラダ 옥수수샐러드

　▷ ツナサラダ 참치샐러드

　▷ ポテトサラダ 감자샐러드

　▷ シーザーサラダ 시저샐러드

　▷ イカサラダ 오징어샐러드

　▷ フライドチキンサラダ 프라이드치킨샐러드

　▷ ソーセージサラダ 소시지샐러드

　▷ 蒸し鶏とバジルオニオンのサラダ 찜닭과 바질 양파 샐러드

☐ ハーフサイズカレー ライス量・トッピング半分のハーフサイズカレーです。 하프사이즈카레 밥의 양・토핑 절반의 하프사이즈 카레입니다.

☐ ハーフポークカレー 하프 돼지고기카레

☐ ハーフビーフカレー 하프 비프카레

☐ ハーフハッシュドビーフ 하프 해시드비프카레

☐ ハーフチーズカレー 하프 치즈카레

☐ ハーフクリームコロッケカレー(カニ入り) 하프 크림 고로케 카레(게맛살 들어감)

☐ ハーフハンバーグカレー 하프 햄버그카레

- □ ハーフきのこカレー 하프 버섯카레
- □ ハーフエビにこみカレー 하프 삶은 새우카레
- □ ハーフイカカレー 하프 오징어카레
- □ ハーフほうれん草カレー 하프 시금치카레
- □ ハーフフライドチキンカレー 하프 프라이드 치킨 카레
- □ ハーフソーセージカレー 하프 소시지카레
- □ ハーフヒレカツカレー 하프 지느러미 가쓰카레
- □ ハーフささみカツカレー 하프 닭 안심살 가쓰카레(期間限定 기간 한정)
- □ お子さまカレー 자녀분 카레 お菓子も付いて楽しさいっぱい 과자도 같이 나와 즐거움이 가득하다
    - Ⓐ ハンバーグ 햄버그
    - Ⓑ チキンナゲット 치킨넛
    - Ⓒ ハンバーグ 햄버그 & ソーセージ 소시지
    - Ⓓ チキンナゲット 치킨넛 & ソーセージ 소시지
- □ ドリンク 토핑
    - ▷ カゴメ野菜一日これ一本 가고메야채(당근주스 일종)1일 이것 한 병 200㎖
    - ▷ キリンノンアルコールビール 기린 무알콜 맥주 350㎖
- □ 宅配専用ドリンク 택배전용 드링크
    - ▷ ウーロン茶 우롱차 | コカ・コーラ 코카콜라
- □ ライス単品 공기밥 한 그릇 150g
- □ らっきょう 염교를 소금이나 식초에 절인 것
- □ ポークソース 돼지고기 소스

□ ビーフソース 비프소스

□ ドレッシング ドレッシング・その他 그 외

 ▷ ノンオイルドレッシング 논오일 드레싱

 ▷ オリジナルドレッシング 오리지널 드레싱

 ▷ ごまドレッシング 참깨 드레싱

 ▷ とび辛スパイス 매움의 정도를 조정할 수 있는 스파이스

 ▷ ふくじん漬 후쿠진 양념(무, 가지, 연근, 오이 등의 야채를 절인 후 소금기를 빼고 잘
게 썰어 간장이나 미린 등으로 만든 조미액으로 양념한 것)

□ レトルトカレー 레토루트카레(알루미늄 포장 카레)

 ▷ レトルトスープカレー 알루미늄 포장 스프카레

 ▷ レトルトポークカレー 알루미늄 포장 돼지고기카레

 ▷ レトルト甘口ポークカレー 알루미늄 포장 단맛 돼지고기카레

 ▷ レトルト野菜カレー 알루미늄 포장 야채카레

 ▷ レトルトビーフカレー 알루미늄 포장 비프카레

 ▷ レトルトキーマカレー 알루미늄 포장 키마카레(다진 고기가 들어간 카레)

 ▷ レトルト特定原材料を含まないカレー 알루미늄 포장 특정 원재료를 포함하지
않은 카레

□ 冷凍カレー 냉동카레

 ▷ 冷凍ポークカレーソース 냉동 돼지고기 카레소스

 ▷ 冷凍甘口ポークカレーソース 냉동 단맛 돼지고기 카레소스

 ▷ 冷凍ビーフカレーソース 냉동 비프 카레소스

※ 출처: CURRY HOUSE CoCo 壱番屋JR橋本駅北口店(2019)

59. 킥복싱 다이어트

□ 目をそむけずトライ·計画的にまず3kg減を! 시선을 팔지 않고 도전해보자·계획적으로 우선 3킬로그램 감량에 도전해 보자!

　▷ ルミナスではダイエットしたい人を全力でサポート! 루미나스에서는 다이어트하고 싶은 사람을 전력으로 지원합니다!

　▷ キックボクシングは女性も無理なく楽しめるフィットネススポーツです。 킥복싱은 여성도 무리 없이 즐길 수 있는 피트니스 스포츠입니다.

　▷ トレーニングに参加をされた90%以上の女性から無理なく楽しくおもしろいとの感想をいただいています。 트레이닝에 참가를 하신 90% 이상의 여성에게서 무리 없이 즐겁고 재미있다는 감상을 들었습니다.

　▷ 楽しく身体を動かせば自然と汗をかき、代謝を活性化できますよ。 즐겁게 몸을 움직이면 자연스럽게 땀을 흘리고 대사를 활성화할 수 있습니다.

　▷ 夏はもうすぐ。定期的に運動をする習慣を身につけ、スリムで健康的な身体を手に入れましょう。 곧 여름이 옵니다. 정기적으로 운동을 하는 습관을 들여 날씬하고 건강한 신체를 획득합시다.

□ ダイエットならルミナス 다이어트라면 루미나스로!

□ 月会費 월 회비

▷ 一般 일반 | 女性 여성 | 中・高生 중고생 | キッズ柔術 어린이 주짓수

▷ キッズ柔術(週1) 어린이 주짓수(주1회) | モーニング会員(週1) 모닝 회원(주1회)

▷ パーソナル 月4回 개인지도 월 4회 単発料金 단발요금 初回のみ 첫 회만

□ 女性が多数在籍のジム! 여성이 다수 재적하는 복싱체육관

※출처: マーシャルアーツ＆フィットネスLuminous(2018)

60. 파칭코

□ マルハン橋本店 新規カード会員様随時募集中!! 마루항 하시모토점 신규 카드회원님 수시 모집중!!

　▷ 12.3(月) 9時(8:30より抽選開始)開店 新台入替予定 12월 3일(월) 9시(8시 30분부터 추첨 개시) 개점 새 파칭코 기계 교체 예정

□ 全17機種37台導入 전 17기종 37대 도입

　▷ P沼設定付 특정 스토리(P沼設定)가 들어간 기종명

　▷ CRスターオーシャン4 특정 스토리(CRスターオーシャン4)가 들어간 기종명

　▷ CRF戦姫絶唱シンフォギアLIGHTver. 특정 스토리(CRF戦姫絶唱シンフォギアLIGHTver)가 들어간 기종명

　▷ パチンコCRブラッグラグーン3 특정 스토리(パチンコCRブラッグラグーン3)가 들어간 기종명

　▷ スーパーリノXX 특정 스토리(スーパーリノXX)가 들어간 기종명

　▷ PA地獄少女宵伽 특정 스토리(PA地獄少女宵伽)가 들어간 기종명

　▷ CR牙狼魔戒ノ花 특정 스토리(CR牙狼魔戒ノ花)가 들어간 기종명

　▷ CRシティーハンター 특정 스토리(CRシティーハンター)가 들어간 기종명

　▷ CRA花の慶次X 특정 스토리(CRA花の慶次X)가 들어간 기종명

　▷ パチスロエウレカセブンAO 특정 스토리(パチスロエウレカセブンAO)가 들어간 기종명

※ 출처: マルハン橋本台店(2018)

61. 피자 배달

☐ HOME DELIVERY レストランの味を食卓へお届け！ 레스토랑의 맛을 식탁

으로 배달해드립니다!

☐ ナポリ風ピザ美味しくなって新登場！ 맛있는 나폴리풍 피자가 새로이 등장했습

니다!

☐ 2018年 SPRINGガストの宅配 2018년도 스프링 가스트의 택배

　▷ マルゲリータピザ 마르게리타 피자 ￥790

　　モッツァレラチーズ、バジルソース、チーズ、トマトソース 모짜렐라치

　　즈, 바질소스, 치즈, 토마토소스

　▷ シュリンプベーコンピザ 슈림프 베이컨 피자 ￥990

　　海老、ベーコン、トマト、ほうれん草、チーズ、トマトソース 새우,

　　베이컨, 토마토, 시금치, 치즈, 토마토소스

　▷ たっぷりマヨコーンピザ 마요네즈 콘 듬뿍 피자 ￥690

　　コーン、マヨネーズ、パセリ、チーズ、トマトソース 옥수수, 마요네즈,

　　파슬리, 치즈, 토마토 소스

　▷ 自家製 ローストチキン 単品 ￥1,300 직접요리 로스트 치킨 단품

　▷ 特別な日には… ローストチキンコンボ ￥2,400 특별한 날에는… 로스트 치

　　킨 콤보 (自家製ローストチキン・マヨコーンピザ・ローストビーフシー

ザーサラダ) (자가제 로스트 치킨·마요네즈 옥수수 피자·로스트비프 시저 샐러드)

▷ サラダうどん 샐러드우동 クーポン価格 쿠폰 가격 ￥690 100円お得! 100
엔 이득!

▷ ミニグリーンサラダ 미니 그린 샐러드 クーポン価格 쿠폰가격 ￥100
100円お得! 100 엔 이득

▷ たっぷりマヨコーンピザ 마요네즈 옥수수 듬뿍 피자 100円引き! 100 엔 할인!

□ レストランメニューのお弁当 레스토랑 메뉴 도시락 ご飯大盛り 밥 곱빼기
＋￥50

▷ 肉盛り!ワイルドプレート(ハンバーグ、牛焼肉、ひれかつ2枚) ￥1,340
고기모듬! 와일드 플레이트(햄버그, 쇠고기구이, 히레카쓰 2개)

▷ ハンバーグ＆チキン南蛮弁当 ￥1,090 햄버그＆치킨남반(닭튀김에 간장, 미
림, 식초로 만든 소스를 넣어 먹는 음식) 도시락

▷ チキテキ・ピリ辛スパイス焼き弁当 ￥990 치킨스테이크·조금 매운 맛 스파이
스 구이 도시락

▷ ミックスグリル弁当 믹스그릴 도시락 ￥1,140

▷ チーズINハンバーグ弁当 치즈가 들어간 햄버그 도시락 ￥990

▷ 大葉おろしの和風ハンバーグ 차조기를 갈아 넣은 일본식 햄버그 ￥990

▷ チーズINハンバーグ＆海老フライ弁当 ￥1,190 치즈가 들어간 햄버그＆새
우튀김 도시락

▷ てりたまハンバーグ弁当 데리야키 계란 햄버그 도시락 ￥940

▷ ハンバーグステーキ弁当 햄버그 스테이크 도시락 ￥840

▷ 若鶏のグリル・ガーリックソース弁当 영계 그릴·마늘 소스 도시락 ￥990

▷ 若鶏のグリル・大葉おろしの醤油〔しょうゆ〕ソース弁当 영계 그릴·차조기 간 간장소스
　도시락 ￥990

▷ 豚ロースのとんかつ弁当 돼지고기 로스 돈가스 도시락 ￥990

▷ 豚ロースのおろしとんかつ弁当 돼지고기를 간 돈가스 도시락 ￥1,040

☐ 彩〔いろど〕り弁当 장식 도시락 ご飯大盛〔はんおおも〕り 밥 곱빼기＋￥50

会議〔かいぎ〕や会合〔かいごう〕、大切なお客様のおもてなしにぜひご利用ください。회의나
회합, 중요한 고객들을 접대하실 때에 꼭 이용해주세요.

▷ 枝豆〔えだまめ〕ご飯 풋콩밥

▷ ローストビーフサラダ 로스트비프 샐러드

▷ 煮玉子〔にだまご〕 삶은 계란

▷ 切干大根〔きりぼしだいこん〕 무말랭이(오그락지)

▷ 海老と茄子〔なす〕の煮びたし 새우와 가지 니비타시(채소, 구운 해산물 등을 초간장에 조
　린 요리)

▷ カットステーキ彩り弁当 컷 스테이크 장식 도시락 ￥1,150

▷ カルビ焼肉彩り弁当 갈비구이 장식 도시락 ￥1,400

▷ 若鶏黒酢〔くろず〕彩り弁当 영계 흑초 장식 도시락 ￥1,300

▷ ミックスフライ彩り弁当 믹스 프라이장식 도시락 ￥1,300

☐ バランス弁当 밸런스 도시락

▷ 漬物〔つけもの〕 쓰케모노(단무지, 김치 등을 발효시켜 양념장에 절인 것)

▷ 唐揚〔からあ〕げ 튀김

▷ チキン竜田揚〔たつたあ〕げバランス弁当 치킨 다쓰타튀김 밸런스 도시락 ￥900

▷ ひれかつバランス弁当 히레가쓰 밸런스 도시락 ￥800

▷ チキングリルバランス弁当 치킨 그릴 밸런스 도시락 ￥700

▷ 豚生姜焼きバランス弁当 돼지 생강구이 밸런스 도시락 ￥900

☐ お手頃弁当 간편 도시락

▷ 醤油ソースまたはガーリックソース 간장 소스 또는 마늘 소스

▷ チキン&バジルソーセージ弁当 치킨&바질 소시지 도시락 ￥590

▷ ハンバーグ&若鶏の唐揚げ弁当 햄버그&영계 튀김 도시락 ￥610

▷ ひれかつ&若鶏の唐揚げ弁当 히레가쓰&영계 튀김 도시락 ￥590

▷ ハンバーグ&白身魚フライ弁当 햄버그&흰살 생선 튀김 도시락 ￥570

▷ 若鶏の唐揚げ弁当 영계 튀김 도시락 ￥550

▷ ご一緒にどうぞ! 함께 오세요! ご飯1人前 공기밥 1인분 ￥220 ご飯大盛り1
人前 공기밥 곱빼기 1인분 ￥250

▷ とうもろこしのポタージュ 옥수수 포타쥬 ￥290 味噌汁 된장국 ￥100 ミ
ニ大葉おろしうどん 미니 차조기 간 우동 ￥150

☐ ライトミール 라이트밀

▷ ローストビーフの十三穀米ごはん 로스트 비프 13곡미밥 ￥1,090

▷ オムライスビーフシチューソース 오므라이스 비프 시츄 소스 ￥840

▷ サラダうどん 샐러드 우동 ￥790

▷ ミートドリア 미트드리아 ￥590

▷ 特製辛口チゲ 특제 매운 찌게 ￥840

▷ まぐろのたたきごはん 잘게 다진 참치가 들어간 밥 ￥990

▷ なすとほうれん草のミートソーススパゲティ 가지와 시금치 미트소스 스파게
티 ￥840

▷ 明太子と大葉の和風スパゲティ _{めんたいこ / おおば / わふう} 명태알과 차조기가 들어간 일본식 스파게티
¥690

▷ トマトソーススパゲティ 토마토소스 스파게티 ¥640

▷ 1日分の野菜のベジ塩タンメン _{しお} 1일분의 소금 절인 야채를 넣은 탄멘 ¥760

▷ 味噌ラーメン _{みそ} 된장라멘 ¥760

☐ サイドディッシュ 부식메뉴

▷ ほうれん草ベーコン 시금치 베이컨 ¥290

▷ コーンのオープン焼き 옥수수 오픈구이 ¥290

▷ 山盛りポテトフライ _{やまも} 한가득 감자튀김 ¥390

▷ 2種のソーセージグリル 2종 소시지 그릴 ¥390

▷ チキンの唐揚げ 치킨 튀김 ¥590

▷ 明太マヨポテトフライ 명태 마요네즈 감자튀김 ¥440

☐ デザート 디저트

▷ ベイクドチーズケーキ 베이쿠도 치즈 케이크(오븐으로 구운 치즈케이크) ¥380

☐ ドリンク 드링크 各 각 ¥170

▷ コカ・コーラ 코카콜라

▷ コカ・コーラゼロ 코카콜라 제로

▷ 爽健美茶 _{そうけんびちゃ} 소켄미챠(음료수명)

▷ 綾鷹 아야타카(음료수명)

☐ 大皿盛り合わせ _{おおざら / も / あ} 큰 접시 모듬(큰 접시에 다양한 음식을 올려놓은 것)

▷ ガストファミリーセット 가스트 패밀리 세트 ¥1,690

メンチカツ 멘치카쯔, 春巻き^{はるま} 춘권(당면의 일종), ポテトフライ 감자튀김, ソーセージ 소시지, バジルソーセージ 바질소시지, 唐揚げ 튀김, 海老フライ 새우튀김, ハッシュドポテト 해시드 감자, コーン＆枝豆 옥수수＆풋콩

▷ ガストミックスセット 가스트 믹스 세트 ¥1,690

ハンバーグ 햄버그, ポテトフライ 감자튀김, ソーセージ 소시지, バジルソーセージ 바질 소시지, クリームコロッケ 크림 코로케, ハッシュドポテト 해시드감자, コーン＆枝豆 옥수수＆풋콩, チキンステーキ 치킨 스테이크(醤油ソースまたはガーリックソース選択 간장 소스 또는 마늘 소스 선택)

☐ いろいろ選べるお得なセット 다양하고 저렴하게 선택할 수 있는 세트

▷ パーティセット 파티 세트 Ⓐ ガストファミリーセット＋マヨコーンピザ ¥1,190 가스트 패밀리 세트+마요네즈 옥수수 피자

▷ パーティセット 파티세트 Ⓑ ガストミックスセット＋マヨコーンピザ ¥1,190 가스트 믹스 세트+마요네즈 옥수수 피자

▷ わいわいセット 와이와이 세트 Ⓐ ガストファミリーセット＋マヨコーンピザ＋アボカドシュリンプサラダ ¥2,600 가스트 패밀리 세트+마요네즈 옥수수피자+아보카드 슈림프 샐러드

▷ わいわいセット 와이와이 세트 Ⓑ ガストミックスセット＋マヨコーンピザ＋アボカドシュリンプサラダピザ ¥2,600 가스트 믹스 세트+마요네즈 옥수수 피자+아보카드 슈림프 샐러드 피자

☐ ピザ 피자

▷ たっぷりマヨコーンピザ 마요네즈 옥수수 듬뿍 피자 ¥690

▷ マルゲリータピザ 마르게리타 피자 ¥790

▷ シュリンプベーコンピザ 슈림프 베이컨 피자 ¥990

☐ ローストチキン 로스트치킨
- ▷ 自家製ローストチキン 본 가게에서 직접 요리한 로스트 치킨 ¥1,300
- ▷ 冷凍ローストチキン 냉동 로스트치킨 ¥1,230
- ▷ ローストチキンコンボ 로스트 치킨 콤보 ¥2,400

☐ サラダ 샐러드
- ▷ 和風ドレッシング 일본식 드레싱 アボカドシュリンプサラダ 아보카도 슈림프 샐러드 ¥740
- ▷ シーザードレッシング 시저드레싱 ローストビーフのシーザーサラダ ¥740 로스트비프의 시저 샐러드
- ▷ シーザードレッシング 시저 드레싱 海老のミニサラダ 새우 미니샐러드 ¥340
- ▷ 和風ドレッシング ミニグリーンサラダ ¥200

☐ キッズメニュー 키즈메뉴
- ▷ キッズカレー 키즈 카레라이스
- ▷ お子さまハンバーグ(ふりかけつき) 자녀 햄버그

☐ ランチ 런치 ランチがお得! 爽健美茶付＋¥100 저렴한 런치! 소켄비차 포함
+1엔 ご飯大盛り無料! 밥 특대 무료
- ▷ 日替わりランチ 매일 바뀌는 점심
- ▷ ひれかつ玉子とじ丼 히레가쓰 계란 덮밥 ¥700

☐ ランチタイム限定サービスお手頃弁当 런치타임 한정 서비스 간편 도시락
ランチハンバーグロコモコ丼 런치햄버그 로코모코덮밥 ¥400
ランチ唐揚げテリタル丼 런치 튀김 데리타르 덮밥 ¥400

※출처: HOME DELIVERY(2019)

62. 테니스 레슨

□ 春から運動をはじめると決めたならジュエインドアテニス 봄부터 운동을
시작하겠다고 결정하셨다면 쥬에 실내테니스

   ▷ おかげ様で15周年 덕분에 15주년을 맞이했습니다.

   ▷ はじめての方 専用コートでレッスン! 처음 오신 분 전용 코트에서 레슨을!

   ▷ やさしいコーチ陣 친절한 코치진

   ▷ レッスン振替なんどでも自由 레슨 시간 재조정 자유

□ はじめての方でも大丈夫! 처음 오신 분이라도 괜찮아요!

   ▷ 無料体験会開催 무료 체험회 개최 ▶詳しくは裏面をご覧ください 자세한
사항은 뒷면을 보아주세요.

□ 15周年 15주년 春の超特大キャンペーン 봄의 초특대 캠페인

   ▷ 4・5・6月の受講料- 毎月1,500円引＋シューズプレゼント! 4,5,6월의
수강료- 매월 1,500 엔 할인+테니스화 선물!

   ▷ 4・5・6月の受講料- 毎月1,500円引＋ラケットテニスシューズプレゼ
ント! 4,5,6월의 수강료- 매월 1,500 엔 할인＋라켓 테니스화 선물

   ▷ 早得キャンペーン- 3月30日までに入校手続きをされた方に限り 3月
の受講料無料 이른 알뜰 캠페인- 3월 30일까지 입교 수속을 하신 분 한정 3월의
수강료 무료

□ 初心者大歓迎-この春はジュエでテニスを始めよう!! 초심자 대환영- 올해 봄은 쥬에에서 테니스를 시작하자!!

 ▷ テニスを楽しみながら上達したい! 테니스를 즐기면서 능숙해지고 싶다!

 ▷ テニスで運動不足を解消したい! 테니스로 운동부족을 해소하고 싶다!

 ▷ 憧れの選手のようにうまくなりたい!! 동경하는 선수처럼 잘하고 싶다!

□ 初心者限定 초심자 한정 無料体験会 무료 체험회

 ▷ 体験会のお申し込みはお電話又はフロントまで! 체험회 신청은 전화나 프론트에서!

□ 迷っているアナタ!!ぜひジュエのテニスを体験してみてください!! 망설이는 당신!! 꼭 쥬에의 테니스를 체험해 보세요!!

□ 休憩中もリラックス♪ 充実した施設と快適空間 휴식중에도 릴렉스♪ 충실한 시설과 쾌적한 공간

 ▷ テニスコート 테니스 코트

 ▷ 受付フロント 접수 프런트

 ▷ 化粧台 화장대

 ▷ ロッカー 로커

□ ママもお子さまも安心!!託児サービス無料 要予約 엄마도 자녀도 안심!! 탁아 서비스 무료 예약 필요

 ▷ 生後6か月~7歳以下(小学1年生)のお子さまが対象となります。 생후 6개월~7세 이하(초등학교 1학년) 자녀분이 대상이 됩니다.

□ 受講料割引制度 수강료 할인 제도

▷ ご家族割引- ご家族でお申し込みの場合、お2人目より1,300円割引 가족할인- 가족으로 신청하실 경우, 두 명부터 1,300 엔 할인

▷ 学生割引- 学生(中学生以上)の一般クラス受講の場合1,100円割引 학생할인- 학생(중학생 이상)의 일반 클래스 수강하시는 경우 1,100 엔 할인

▷ クラス割引- 2クラス以上受講の場合、2クラス目より 2,300円割引 클래스 할인- 2클래스 이상 수강하시는 경우, 2클래스 째부터 2,300 엔 할인

▷ シニア割引- 60歳以上の方の一般クラス受講の場合1,100円割引 시니어 할인- 60세 이상의 분이 일반 클래스 수강하시는 경우 1,100 엔 할인

□ スクールの備考(びこう) 스쿨의 비고

▷ <テニス> 1クラス定員12名 受講生9名以上でコーチ2名/1面(一般クラス) 〈테니스〉1클래스 정원 12명 수강생 9명 이상이며 코치 2명/1면(일반 클래스)

▷ <ゴルフ>1クラス定員5名 〈골프〉1클래스 정원 5명

▷ 入学金は継続(けいぞく)期間中有効。損害(そんがいほけん)保険に加入(かにゅう)。 입학금은 계속 기간중 유효. 손해보험에 가입

▷ 中学生以下の方の入学手続きは、保護者(ほごしゃ)同伴(どうはん)でお願いします。 중학생 이하의 분 입학 수속은 보호자 동반으로 부탁합니다.

▷ 一般クラス受講中の方が受講クラス以外でスポットレッスン受講ができます。 일반 클래스 수강중이신 분은 수강 클래스 이외 스팟 레슨 수강 가능합니다.

▷ 表示金額(ひょうじきんがく)は税別(ぜいべつ)価格となります。 표시 금액은 세금별도 가격이 됩니다.

□ インドアテニス コート広々(ひろびろ) 天井(てんじょう)11m!! 실내 테니스 코트도 광활, 천정 11미터

□ 個性(こせい)豊(ゆた)かなジュエのプロフェッショナルコーチングスタッフ! 개성이 풍부한 쥬에의 프로페셔널 코칭 스탭

□ ウィンブルドン出場‼九鬼潤コーチ 윔블던 출장! 구키쥰 코치

- ▷ 80年全日本選手権単優勝。 80년 전일본선수권 단식 우승

- ▷ 70、79、81、82年同準優勝。 70, 79, 81, 82년 동대회 준우승

- ▷ 85年同混合優勝。 85년 동대회 혼합우승

- ▷ 自己最高世界ランキング78位 자기 최고 세계 랭킹 78위

□ クラス紹介- 春期のみ13回、それ以外は12回(夏、秋、冬期) 클래스 소개

- − 춘계만 13회, 그 외에는 12회(하계, 추계, 동계)

□ 一般クラス 일반 클래스

- ▷ 平日・土日はじめて ※ハーフコート使用 9,981円 평일・토 일은 첫 수업
  ※하프코트 사용 9,981 엔

- ▷ 平日の昼 평일 낮 11,500円

- ▷ 女子ダブルスクラス 여자 복식 클래스 12,881円

- ▷ 平日のナイター 평일 야간 12,500円

- ▷ 土日の全時間帯 토일의 전시간대 12,500円

□ ジュニアクラス 주니어 클래스

- ▷ キッズ(3〜6才) 키즈(3~6세) 6,300円

- ▷ J1(小学生 초등학생) 6781円

- ▷ J2(小・中学生 초중학생) 9,981円

- ▷ STTクラス 클래스 (選抜中高生 선발 중고생) 11,481円

□ スペシャル 스페셜

- ▷ ママクラス 엄마반 4,090円

- ▷ ゆうゆうクラス(60歳以上 60세 이상) 유유자적 클래스 10,125円

□ 最新ラケットレンタル無料 최신 라켓 렌탈 무료

　　▷ 自分に合うラケットを納得(なっとく)いくまでコーチと一緒に選んでください!! 자기에게 맞는 라켓을 납득이 갈 때까지 코치와 함께 선택해주세요!!

□ お支払方法(しはらいほうほう) 지불 방법

　　▷ ご利用の銀行キャッシュカードでカンタン手続き 이용하실 은행 현금카드로 간단히 수속 가능

　　　次月(じげつ)より口座(こうざ)自動引(ひきお)落としとなりますのでご利用銀行のキャッシュカードをお持ちください。 다음 달부터 구좌에서 자동으로 인출되므로 이용하시는 은행 현금카드를 지참해주세요.

□ 駐車場(ちゅうしゃじょう)マイカーで通いやすい駐車場(無料駐車場)広々47台完備(かんび) 자동차로 다니기 쉬운 넓은 주차장(무료주차장) 47대 완비

□ 「チラシを見た」と言ってください "전단지를 봤어요."라고 말해주세요

□ バスご利用で橋本駅より町田バスセンター行き 버스 이용하시면 하시모토역에서 마치다 버스 정류소행

□ お車ご利用で JR町田駅より25分 자가용 이용하시면 JR마치다역에서 25분 거리

※출처: ジュエインドアテニス(2019)

63. 초밥 전문집

☐ 年末年始ご予約受付中「ご予約はお早めに!!」 연말연시 예약 접수중 "예약은 일찌감치"

☐ 年末年始にふさわしい最高のお寿司 연말연시에 어울리는 최고의 초밥

☐ 食べ応え満点のズワイガニ。 먹는 만족감 만점의 대게 초밥

☐ 甘味のつまった美味しさはまさに冬の味覚の王様 감미가 깃든 맛은 실로 겨울 미각의 왕

☐ 通常期間のお届けはこちら!! 통상 기간의 배달은 이쪽을!!

   ▷ 大ズワイガニ 특대게

   ▷ ズワイガニ 대게

   ▷ 期間限定盛り込み桶 기간 한정 초밥통(나무통)

   ▷ カニ軍艦 게군함초밥

   ▷ カニづくし 대게요리

☐ さざんか 애기동백(코스명)

   ▷ 甘えび 단새우초밥

   ▷ マグロ 참치초밥

   ▷ エンガワ 툇마루초밥

▷ サーモン 연어초밥

▷ ズワイガニ 붉은대게초밥

▷ 中トロ 참치 중뱃살초밥

▷ 熟成金目鯛 _{じゅくせいきんめだい} 숙성금눈돔초밥

▷ カニ軍艦 게군함초밥

▷ イクラ 연어알초밥

▷ ネギトロ 네기토로초밥(참치 뱃살을 두드려 파와 섞은 초밥)

▷ 切玉子 _{きりたまご} 계란초밥

□ 柊 _{ひいらぎ} 구골나무

▷ 中トロ 츄토로초밥(참치 중뱃살을 두드려 만든 초밥)

▷ 北海道ホタテ 홋가이도가리비초밥

▷ マグロ 참치초밥

▷ 生エビ 생새우초밥

▷ 上あなご 고급붕장어초밥

▷ サーモン 연어초밥

▷ 燻りのどぐろ _{いぶ} 훈제금태초밥

▷ 大ズワイガニ 붉은대게초밥

▷ カニ軍艦 게군함초밥

▷ イクラ 연어알초밥

▷ ネギトロ 네기토로초밥(참치 뱃살을 두드려 파와 섞은 초밥)

▷ 切玉子 계란초밥

☐ 江戸前月 에도마에쓰키

   ▷ サーモン 연어초밥

   ▷ 北海道タコ 홋카이도낙지초밥

   ▷ ハマチ 방어초밥

   ▷ 熟成金目鯛 숙성금태초밥

   ▷ 生エビ 생새우초밥

   ▷ あなご 붕장어초밥

   ▷ 煮はまぐり 삶은대합초밥

   ▷ こはだ 전어초밥

   ▷ づけマグロ 즈케마구로초밥(간장으로 참치살을 절인 초밥)

☐ 相模 사가미(일본 東海道의 옛지명)

   ▷ 鮭いくら 연어알초밥

   ▷ マグロ 참치초밥

   ▷ イカ 오징어초밥

   ▷ ハマチ 방어초밥

   ▷ 甘エビ 단새우초밥

   ▷ サーモン 연어초밥

   ▷ 北海道ホタテ 홋가이도가리비초밥

   ▷ エンガワ 툇마루초밥

   ▷ あなご 붕장어초밥

   ▷ ネギトロ 네기토로초밥(참치 뱃살을 두드려 파와 섞은 초밥)

☐ 信濃 시나노(일본의 옛 지명)

   ▷ ネギトロ 네기토로초밥(참치 뱃살을 두드려 파와 섞은 초밥)

▷ マグロ 참치초밥

▷ イカ 오징어초밥

▷ サーモン 연어초밥

▷ エビ 새우초밥

▷ かっぱ巻 오이김초밥

▷ エビマヨ 새우마요네즈초밥

▷ 玉子 계란초밥

▷ あなご 붕장어초밥

□ 瑞穂 미즈호(일본의 옛 명칭)

▷ 中トロ 참치중간뱃살초밥

▷ マグロ(ネタ大) 참치살초밥(식재 대)

▷ イカ 오징어초밥

▷ ハマチ 방어초밥

▷ 生エビ 생새우초밥

▷ サーモン(ネタ大) 연어살초밥(식재 대)

▷ 上あなご 고급붕장어초밥

▷ ウニ 성게초밥

▷ イクラ 연어알초밥

▷ 切玉子 계란초밥

□ 加賀 가가(일본의 옛지명)

▷ 鮭イクラ 연어알초밥

▷ マグロ 참치살초밥

▷ 北海道タコ 홋카이도낙지초밥 梅肉のせ 매육(매화씨를 제거한 과육을 얹음)

▷ サーモン 연어초밥

▷ エビ 새우초밥

▷ ツブ貝(がい) 소라초밥

▷ 甘エビ 단새우초밥

▷ 玉子(たまご) 계란초밥

▷ あなご 붕장어초밥

▷ ネギトロ 네기토로초밥(참치 뱃살을 두드려 파와 섞은 초밥)

☐ 雅(みやび) 풍류

▷ 燻りのどぐろ 훈제금태초밥 もみじおろし 모미지오로시(무와 고추를 섞어 갈은 것) 青ネギのせ 파 얹음

▷ サーモン 연어초밥(ネタ大 재료가 많음)

▷ 北海道ホタテ 홋가이도가리비초밥

▷ 熟成金目鯛 숙성금눈돔초밥

▷ 上あなご 고급붕장어초밥

▷ 生車エビ 생차새우초밥

▷ マグロ(ネタ大) 참치초밥(식재 대)

▷ 中トロ 참치중뱃살초밥

▷ ウニ 성게초밥

▷ イクラ 연어알초밥

▷ 切玉子 本マグロ 계란참치초밥 中トロ使用 참치중뱃살 사용

☐ 宴(うたげ) 잔치

▷ 生エビ 생새우초밥

- ▷ マグロ(ネタ大) 참치(식재 대)

- ▷ イカ 오징어초밥

- ▷ サーモン(ネタ大) 연어 초밥(식재 대)

- ▷ 中トロ 참치중뱃살초밥

- ▷ 燻り中トロ 훈제 참치중뱃살초밥

- ▷ つけマグロ 양념이 들어간 참치초밥

- ▷ トロ鉄火巻 참치붉은살김밥

- ▷ イクラ 연어알초밥

- ▷ ネギトロ 파참치초밥

- ▷ 切玉子『本マグロ』계란 "본참치" 中トロづくしの豪華桶 본참치 중뱃살 일색의 호화로운 초밥통

☐ 貫 | 55貫 55관 10,950円＋税

☐ 素材のうまみ 소재의 맛
手間ひまかけた仕込みで、素材の旨みを引き出した「銀のさら」渾身の江戸前寿司 정성을 기울여 만들어 소재의 맛을 꺼집어 낸 "은접시" 혼신의 에도마에 초밥

☐ わさび抜き 고추냉이 제거

- ▷ おもちゃ付き 장난감이 딸림

- ▷ お子様にぎり 자녀초밥 お子様限定 자녀분 한정

☐ 寿司丼 스시덮밥

- ▷ ばらちらし 초밥통 속에 초밥을 가지런하게 놓지 않고 흩뿌린 듯 놓은 스시

- ▷ ネギトロ丼 파가 들어간 참치 지방살 덮밥

- ▷ 特選ちらし 특선 치라시초밥

▷ トロ鉄火丼 <ruby>鉄火丼<rt>てっかどん</rt></ruby> 붉은 참치살 덮밥

▷ カニいくら丼 성게알 덮밥

☐ <ruby>極上<rt>ごくじょう</rt></ruby>ちらし 최상 치라시

▷ づくし 특정한 종류로 이루어진 초밥 <ruby>単品桶<rt>たんぴんおけ</rt></ruby> 단품 초밥통

▷ <ruby>助六<rt>すけろく</rt></ruby> 스케로쿠초밥

▷ 貝づくし 조개류일색초밥

☐ マグロ3貫盛り 참치 3관 모듬

▷ トロづくし 참치 일색 모듬

▷ トロ<ruby>鉄火巻<rt>てっかまき</rt></ruby> 참치붉은살 모듬

☐ <ruby>お好<rt>この</rt></ruby>み寿司 오코노미초밥

▷ いなり 유부초밥

▷ イカ 오징어초밥

▷ あなご 붕장어초밥

▷ 玉子 계란초밥

▷ 北海道トロしめさば 홋가이도고등어초밥

▷ 燻り北海道トロしめさば 훈제홋가이도고등어초밥

▷ コハダ 전어초밥

▷ 江戸前玉子 에도마에 계란초밥

▷ サーモン 연어초밥

▷ 燻りサーモン 훈제 연어초밥

▷ ハマチ 방어새끼초밥

▷ <ruby>生<rt>なま</rt></ruby>エビ 생새우초밥

▷ 北海道ホタテ 홋가이도 가리비초밥

▷ つぶ貝 골뱅이초밥

▷ エンガワ 엔가와(툇마루)초밥

▷ 燻りエンガワ 훈제 엔가와초밥

▷ 上あなご 고급 붕장어초밥

▷ 燻り上あなご 훈제고급붕장어초밥

▷ 鮭イクラ 연어알초밥

▷ 熟成金目鯛 숙성금눈돔초밥

▷ 生車エビ 생차새우초밥

▷ ズワイガニ 붉은대게초밥

▷ 煮はまぐり 삶은 대합초밥

▷ 赤貝 붉은조개살초밥

▷ イクラ 연어알초밥

▷ 中トロ 참치중뱃살초밥

▷ 燻り中トロ 훈제참치중뱃살초밥

▷ 燻りのどぐろ 훈제금태초밥

▷ もみじおろし 모지지오로시(무와 고추를 섞어 갈은 것·青ネギのせ파 없음)가 들어간 초밥

▷ ウニ 성게초밥

▷ 大ズワイガニ 붉은 대게김밥

▷ 大トロ 참치대뱃살김밥

▷ カッパ巻 오이김밥

▷ かんぴょう巻 박고지김밥

▷ 納豆巻 <ruby>なっとうまき</ruby> 낫도김밥

▷ イカしそ巻 오징어시소김밥

▷ あなご 붕장어김밥

▷ キュウリ巻 오이김밥

▷ 鉄火巻 붉은 참치살이 들어간 김밥

▷ ネギトロ巻 파가 들어간 참치김밥

▷ トロたく巻 참치와 단무지가 들어간 김밥

▷ トロ鉄火巻 참치회가 들어간 김밥

▷ 納豆手巻 낫토김밥

▷ 鉄火手巻 참치김밥

▷ ネギトロ手巻 파가 들어간 참치김밥

▷ イクラ手巻 연어알김밥

▷ あなごキュウリ手巻 붕장어오이김밥

☐ サイドメニュー 부식메뉴

▷ おだまき蒸し 우동이 들어간 자완무시

▷ 海鮮茶碗蒸し <ruby>かいせんちゃわんむ</ruby> 해산물(어류)가 들어간 자완무시

▷ 茶碗蒸し 자완무시(공기 안에 채소나 생선을 넣고 달걀을 풀어 넣어 공기채로 찐 요리)

▷ 手羽先 <ruby>てばさき</ruby> 데바사키(닭 날개 끝부분의 고기) (甘辛 달고 매움)

▷ 滝田揚げ <ruby>たきだあ</ruby> 다키다튀김(다키다강의 수면에 단풍이 비치는 풍정을 빗대어 만들어진 이름)

▷ おろしポン酢付 <ruby>すっき</ruby> 간 식재에 식초를 친 것이 들어감

▷ タルタルソース付 타르타르소스 들어감

▷ カップみそ汁(あさり) 컵 된장국(바지락)

▷ カップ赤だし(あさり) 컵 붉은색 된장국물 우려낸 것(바지락)

▷ ぶっかけうどん(つゆ付) 국물을 부어 먹는 스타일의 우동 お茶 오차 350ml(1本)

□ ぎんのスウィーツ 은의 스위트

▷ ストロベリーアイス 스트로베리 아이스크림

▷ フォンダンショコラ 혼단초콜릿

▷ わらびもち(黒みつ付) 고사리떡(흑당이 들어감)

▷ 刺身盛合せ 생선모듬 刺身盛り 모듬회

※ 출처: 銀のさら橋本店(2019)

64. 핫요가

□ ホットヨガなら3ヶ月で別人。 핫요가라면 3개월만에 완전히 딴 사람이 될 수 있다.

   ▷ ホットヨガスタジオLAVA おトクなスタートキャンペーン! 핫요가 스튜디

     오 LAVA 저렴한 스타트 캠페인!

□ 本クーポンをご持参のうえ、他ヨガスタジオ・フィットネスの会員証をご

   提示の方は… 본 쿠폰을 지참하시고 다른 요가 스튜디오 피트니스 회원증을 제시하

   신 분에게는...

   体験レッスン(60分)926円(税込1,000円)▶0円!! 체험레슨(60분) 926 엔(세금

   포함 1천 엔)

   ▷ 詳しくはWebまたは店舗にてご確認ください。 자세한 사항은 인터넷 또는

     점포에서 확인해주세요.

□ 体験クーポン 체험 쿠폰– 体験レッスン(60分) 926円(税込1,000円) 체험 레

   슨(60분) 926 엔(세금 포함 1천 엔)

   ▷ 水1ℓ・レンタルヨガマット・フェイス&バスタオル各1枚&ウェア上下

     付 물 1리터・렌탈 요가매트・페이스& 목욕타올 각 1장&상하의 포함

     ※キャミソール(カップ付き)かTシャツのいずれかになります。 店舗に

     より異なります。 캐미솔(컵 포함)이나 티셔츠 중 하나를 선택할 수 있습니다.

점포마다 다릅니다.

▷ ご記入ください 기입해 주십시오 お名前 성함 ＿＿＿＿＿様 님

▷ 期間限定レッスンクーポン 入会金0円 登録金0円 通い放題! 기한 한정
레슨 쿠폰 입회금 0 엔 등록금 0 엔 무제한 이용

月額 2,870円(税込3,100円)今なら特別価格 LAVAを初めてご利用に
なる方限定 월 요금(세금 포함 3,100 엔) 지금이라면 특별가격. LAVA를 처음 이용
하시는 분에만 해당

□ ご予約受付中! 예약 접수중 完全予約制 완전 예약제

▷ ご予約は24時間受付のWebで。 예약은 24시간 접수 인터넷으로.

▷ お電話でもお気軽にお問い合わせください。 0570-00-4515 전화로 부담
없이 문의해주세요.

※電話の掛け間違いが発生しております。 番号をよくお確かめのうえ
お電話ください。 전화를 잘 못 거시는 경우가 발생하고 있습니다. 번호를 잘
확인하신 후 전화 주세요.

□ ホットヨガは、 なぜダイエットにいいの? 핫요가는 왜 다이어트에 좋은 거야?

▷ 室温約35℃の中でヨガを行うため、 通常のヨガに比べて代謝が上が
り、 柔軟性も高まります。 大量の汗をかけば、 余分な水分や
老廃物も排出。 さらにヨガのポーズで全身の歪みを取り、 太りにく
いカラダをつくります。 根本的な体質改善を目指すなら、 ホットヨ
ガです。 실온 약 35도 안에서 요가를 하므로 통상의 요가에 비해 대사가 오르고
유연성도 높아집니다. 대량의 땀을 흘리면 여분의 수분이나 노폐물도 배출됩니다. 또
요가의 포즈도 전신의 어긋남을 바로 잡고 살이 찌기 어려운 몸을 만듭니다. 근본적인
체질 개선을 지향하신다면 핫요가를 추천합니다.

▷ ゆがみ解消で痩せ体質へ 신체의 어긋남을 해소하여 날씬한 체질로

▷ 汗をかいて代謝アップ 땀을 흘리며 대사를 증진합니다.

▷ 体温を上げて燃焼アップ 체온을 올려 연소를 증진합니다.

▷ ストレス解消で脱・暴飲暴食 스트레스 해소로 탈 폭음폭식

▷ 筋肉アップで引き締め効果 근육강화로 신축성 효과

□ 効果実感度No.1 キレイ痩せならラヴァ! 효과 실감도 넘버원, 예쁘게 날씬해지려면 라바를!

▷ 暖かなスタジオで発汗しながらヨガをする。ただそれだけなのに、ダイエットとともに美肌やアンチエイジングといったキレイ効果も期待できます。20種類以上のポーズをとるプログラムで心身のデトックスを促します。続けやすいのも効果につながる理由のひとつです。 따뜻한 스튜디오에서 땀을 흘리면서 요가를 합니다. 단지 그것만으로 다이어트와 함께 아름다운 피부와 노화방지 효과도 기대할 수 있습니다. 20종류 이상의 포즈를 취하는 프로그램으로 심신의 디톡스를 촉진합니다. 쉽게 계속할 수 있는 것도 효과를 보는 이유 중의 하나입니다.

▷ プログラム例・ハタヨガビギナー・リンパリラックスヨガ・骨盤筋整ヨガ 프로그램 예・하타요가 초보자・림파 릴렉스 요가・골반과 근육 교정 요가

▷ レッスン後も快適なシャワールームやパウダールームを完備 레슨 후도 쾌적한 샤워룸과 파우더룸을 완비

▷ 通い放題! 体験当日にご登録で今なら特別価格 무제한 이용 가능! 체험 당일에 등록하세요. 지금이라면 특별가격에 모십니다. 月額 2,870円(税込3,100円)

▷ さらに!体験当日にマンスリーメンバーご登録の場合 또! 체험 당일에 월간

멤버 등록하시는 경우 入会金・登録金 9,260円(税込10,000円) ▶0円 입회

금·등록금

▷ マットセット 매트 세트 マット・ラグ・マッドケース・ヨガマッドスプレー

매트·라그·매트 케이스·요가 매트 스프레이

□ 80%以上が未経験から! 80% 이상이 미경험에서 시작합니다!

燃焼効果を高める呼吸の基礎から、体調やレベルに応じた効かせ方ま

で、一人ひとり丁寧に指導。ヨガ初心者の方、運動が苦手な方にも大

好評。誰でもすぐにヨガの魅力をご堪能いただけます。 연소 효과를 드높

이는 호흡의 기초에서 몸 컨디션이나 레벨에 맞춰 한 사람 한 사람 정성껏 지도합니다.

요가 초심자 분, 운동을 잘 못하시는 분에게도 대호평입니다. 누구라도 바로 요가의 매

력을 느낄 수 있습니다.

□ ご入会・ご登録時に必要なもの 입회·등록하실 때에 필요한 것

▷ 施設使用料 1,852円(税込2,000円) ※ご入会時のみ 시설 사용료 1,852 엔

(세금 포함 2천 엔) ※입회하실 때만

▷ 公的証明書-運転免許証、パスポート、健康保険証、外国人登録証の

いずれか 공적 증명서– 운전면허증, 패스포트, 건강보험증, 외국인등록증 중 하나 제시

▷ キャッシュカード 현금카드 ご本人様名義のもの 본인 명의로 된 것

▷ 金融機関届出印 금융기관 제출인

□ ホットヨガ LAVA- お電話でもお気軽にお問い合わせください! 0570-00-4515

핫요가 라바–전화로 부담 없이 문의해 주세요!

※ 출처: ホットヨガ LAVA(2019)

65. 햄버그

☐ ネット注文 인터넷주문 | お店で待たずにお受け取り!モスのネット注文! 가게에서 기다리지 않고 바로 받으실 수 있는 모스의 인터넷주문!

☐ ネット決済 인터넷 결제 | モスカードでネット決済ならさらにお得! 모스카드로 인터넷 결제를 하시면 더더욱 할인!

☐ 期間限定 기간 한정 | クリームチーズテリヤキバーガー ¥390 크림치즈 데리야키버거 ¥390

☐ 奇跡のマッチ 기적의 매치 | クリーミーな甘さが、テリヤキに奇跡のマッチ! 크리미한 달콤함이 데리야키에 기적의 매치!

☐ 好評 호평 | ご好評の声にお応えして、クリームチーズ味が今年も登場です。 호평의 목소리에 답하여 크림치즈 맛이 올해도 등장합니다.

☐ しっかりコクのあるソースに、まろやかなチーズの絶妙な組み合わせ。 감칠맛이 제대로 나는 소스에 부드러운 치즈의 절묘한 조합

☐ そして、シャキシャキ食感の国産レタスは、まさに今が旬! 그리고 아삭아삭한 식감이 있는 국산 양상추는 실로 지금이 적기!

☐ バラエティパック盛りだくさんで、盛り上がろう。 버라이어티 팩에 듬뿍 담아서 한층 더 신나는 마음으로

☐ モスワイワイセット 모스 와이와이 세트 モスならではの、うれしいお子さ

ま向けセット(オニオンマスタード抜き)。 モスだけの 행복한 자녀분을 위한 세트
(양파 겨자 제거)

□ ワイワイバーガーセット¥490 와이와이 버거 세트 ¥490

□ ワイワイドッグセット¥620＋たのしいおもちゃいろいろ!! 와이와이 도구
세트 ¥620＋즐거운 장난감이 즐비!

□ ワイワイチーズバーガーセット¥520 와이와이 치즈버거 세트

□ ワイワイナゲットセット¥630 와이와이 너겟 세트

□ #魔法のドリンク ラベンダーレモネード¥350 #마법의 드링크 라벤더 레모
네이드

□ 朝モスモーニングバーガードリンクセット¥430 모닝 버거 드링크 세트

□ 朝のバランスプレート(卵とベーコン＆ミートソース)ドリンクセット¥550
아침의 밸런스 플레이트(계란과 베이컨&미트 소스) 드링크 세트

□ モスカードチャージでMOSポイントをプレゼント! 모스카드 충전으로 모스 포
인트를 선물합니다!

□ クリームチーズテリヤキバーガー 크림 치즈 데리야키 버거 ¥390

□ テリヤキバーガー 데리야키 버거 ¥360

□ とびきりハンバーグサンド 특제 햄버그 샌드

□ とびきりトマト＆レタス¥460 특제 토마토&양상추

□ とびきりチーズ 특제 치즈 ¥440

□ とびきり和風ソース 특제 일본식소스 ¥410

□ モスバーガー 모스버거 ¥370

□ スパイシーモス 스파이시모스 ハラペーニョ使用 하라베뇨 사용 ¥400

□ ダブルモス 더블모스 ¥490

□ スパイシーダブルモス 스파이스 더블 모스 ¥520

□ モスチーズバーガー 모스치즈버거 ¥400

□ スパイシーモスチーズ 스파이시 모스치즈 ¥430

□ ダブルモスチーズ 더블모스치즈 ¥520

□ スパイシーダブルモスチーズ 스파이시 더블모스치즈 ¥550

□ テリヤキバーガー 데리야키 버거 ¥360

□ ダブルテリヤキ 더블 데리야키 ¥480

□ テリヤキチキンバーガー 데리야키 치킨 버거 ¥360

□ モス野菜バーガー 모스 야채버거 ¥360

□ フィッシュバーガー 생선버거 ¥340

□ ロースカツバーガー 로스카쓰 버거 ¥380

□ 海老カツバーガー 새우 가쓰 버거 ¥390
   (えび)

□ チキンバーガー 치킨버거 ¥320

□ モスライスバーガー 모스 라이스 버거

   ▷ 焼肉 구운 고기 모스라이스 버거 ¥390

   ▷ 彩り野菜のきんぴら 장식 야채 호화찬란 모스라이스 버거 ¥340
   (いろど)

   ▷ 海鮮かきあげ 해산물 튀김 모스라이스 버거 ¥340

□ ホットドッグ 핫도그 ¥320

   ▷ チリドッグ 치리도그 ¥350

   ▷ スパイシーチリドッグ 스파이스 치리 도그 ¥380

   ▷ ハンバーガー 햄버거 ¥220

   ▷ ダブルハンバーガー 더블 햄버거 ¥340

▷ チーズバーガー 치즈버거 ￥250

▷ ダブルチーズバーガー 더블치즈 버거 ￥250

□ ラベンダーレモネード 라벤더 레모네이드 ￥350

□ 玄米フレークシェイクいちごぜんざい レギュラー￥380 プチ￥280 현미 후레이크 셰이크 딸기 단팥 레귤러 사이즈 ￥380 작은 사이즈 ￥280

□ 玄米フレークシェイクカフェゼリー レギュラー￥380 プチ￥280 현미 후 레이크 셰이크 카페젤리 레귤러 사이즈 ￥380 작은 사이즈 ￥280

□ やさしい豆腐スイーツ 부드러운 두부 스위츠

□ さつまいもとリンゴのモンブラン(徳島県なると金時使用) ￥380 고구마 와 사과 몽블랑(도쿠시마 현 나루토 붉은팥 사용)

□ いちごのムース(ベリー添え) ￥380 딸기 무스(베리 첨가)

□ 豆乳スイーツセット￥580 やさしい豆腐スイーツいずれか1コ＋お好き なセットドリンク1品 두유 스위츠 세트 ￥580 부드러운 두부 스위츠 1개 선택 가 능 + 선호하시는 세트 드링크 1병

□ 小麦粉、乳、卵、白砂糖 不使用 밀가루, 우유, 계란, 백설탕 사용하지 않음

□ 低アルゲンメニュー 저아르겐 메뉴

□ 低アルゲンバーガー＜ポークセット＞ 저아르겐 버거(돼지고기 세트) ￥540

□ 低アルゲンドッグ＜ポークセット＞ 저아르겐 도그(돼지고기 세트) ￥540

□ フレンチフライポテト 프렌치 프라이 포테토 ￥300

□ チリディップソース 칠리딥 소스 ￥90

□ オニオンフライ 양파튀김 ￥260

□ オニポテ 양파감자(ポテト 감자＆オニオン 양파) ￥250

- ☐ チキンナゲット5コ入り 치킨 너겟 5개 들어간 것 ￥320

- ☐ バーベキュー 바베큐 ￥40

- ☐ マスタード 마스타드 ￥40

- ☐ こだわり野菜のサラダ&和風ドレッシング(低塩タイプ) ￥300 고집하는 야
채샐러드& 일본식 드레싱(저염 타입)

- ☐ バラエティパック 버라이어티 팩 ￥1000

- ☐ コールドドリンク 콜드 드링크 ￥290

- ☐ アイスコーヒー 아이스커피 ￥290

- ☐ アイスティー 아이스티 ￥290

- ☐ 100%オレンジジュース 100% 오렌지쥬스 ￥360

- ☐ ペプシコーラ 펩시콜라 ￥190

- ☐ ジンジャーエール 진저엘 ￥250

- ☐ メロンソーダ 멜론소다 ￥250

- ☐ アイスウーロン茶 아이스우롱차 ￥320

- ☐ 黒烏竜茶 구로 오롱차 ￥250

- ☐ アイスカフェオレ 아이스카페오레 ￥350

- ☐ くだものと野菜 과일과 야채 ￥90

- ☐ モスシェイク 모스 셰이크 ￥250

    - ▷ バニラ 바닐라

    - ▷ ストロベリー 스토로베리

    - ▷ コーヒー 커피

- ☐ ホットドリンク 핫드링크

□ ブレンドコーヒー 브렌드커피 ￥250

□ 紅茶(こうちゃ) 홍차 ￥250

□ ルフナティー 루푸나티 ￥250

□ カフェオレ 카페오레 ￥290

□ 10種の野菜のミネストローネ 10종 야채 미네 스토로네 ￥310

□ コーンスープ 콘스프 ￥310

□ クラムチャウダー 크램차우다 ￥310

※출처: モスバーガー橋本3丁目店(2019)

66. 헬스클럽

☐ DON'T GIVE UP

   ▷ ANYTIME FITNESS

☐ 24HOURS OPEN! OPEN EVERYDAY!

   ▷ 24時間年中無休! どんなに忙しくても大丈夫 24시간 연중무휴! 아무리 바빠

     도 언제든지 할 수 있어요!

☐ GREAT VALUE FOR MONEY!

   ナットクの ¥6,980 価格以上の価値をお約束します。 납득 가는 가격 6,980

   엔 가격 이상의 가치를 약속드립니다.

☐ USE ANY GYM, YOU WANT!

   世界27カ国 4,000店舗 その圧倒的な実績と信頼。 세계 27개국 4천 점포

   그 압도적인 실적과 신뢰

☐ ハロウィンキャンペーン 할로윈 캠페인

   ▷ 11月の月会費が店頭入会 ¥4,000(＋税) 11월의 월 회비가 점두 입회 4천

     엔(세금포함)

   ▷ WEB入会 ¥2,000(＋税) 인터넷 입회 2천 엔(세금포함)

   ▷ セキュリティキー発行手数料 개인 안전키 발행 수수료 ¥4,760(＋税)

□ Why Anytime Fitness

▷ 24時間年中無休 24시간 연중무휴

▷ ナットクの低価格 납득이 가는 저렴한 가격

▷ マシンジム特化型 머신 헬스장 특화형

▷ 世界全店利用可能 세계 전체 헬스장 이용 가능

※ 출처: エニタイムフィットネス 相模原店(2018)

□ 昨日の別腹。今日の凸腹ルネで凹腹!! 어제의 겹치는 살. 오늘 튀어나온 배, 르네에서 복근을 만들재!!

▷ ルネサンスなら運動と食事の管理ができる! 르네상스라면 운동과 식사관리가 가능하다!

□ 「これは便利」と大好評 "이것은 편리"하다고 큰 호평을 받고 있어요.

▷ バーチャル管理栄養士が目標達成のためにアドバイス! 가상 관리 영양사가 목표달성을 위해 조언을 해 드립니다!

▷ カラダでわかるAnviバーチャル管理栄養士「カロリーママ」が、あなたの食生活にアドバイス。ルネサンスは、運動に加えて日常生活でも無理なく楽しくサポートします。 몸으로 이해하는 Anvi 가상 관리영양사 "칼로리 마마"가 당신의 식생활에 대해 조언을 해 드립니다. 르네상스는 운동에 더해 일상생활에서도 무리 없이 즐겁게 서포트를 해 드립니다.

▷ スマホをお持ちではない方も安心。「パーソナルカルテ」でアドバイスします。 스마트폰을 소유하시지 않는 분도 안심하세요. "개인기록표"로 조언을 해 드립니다.

□ NEW それはカラダの歪みを視るメガネ。 그것은 신체의 뒤틀림을 보는 안경

〜スタイルアップ、姿勢や動きのブレに効く〜 스타일업, 자세와 정상적 움직

임의 오차에 효과가 있다.

□ JINS MEME ジンスミーム 진스 밈

▷ 学術的裏づけを持つメガネ型ウェアラブル。 それがJINS MEME 体軸

の歪みやブレを測定し、 それを解消する運動をご提案します。 학술적

근거를 지니는 안경형 웨어러블. 그것이 진스 밈의 왜곡과 오차를 측정하고 그것을 해

소하는 운동을 제안합니다.

▷ 先進機能 선진 기능 6軸センサー搭載 6개 축 센서 탑재

□ おもてなし規格認証2017〈紺認証〉を取得しました。 접대 규격 인증 2017

〈감인증: 서비스 품질을 가시화하기 위한 규격인증제도〉를 취득하였습니다.

これからもホスピタリティ精神と真摯な姿勢をもって地域の皆さまの生

きがい創造をお手伝いします! 業界第1号 앞으로도 환대 정신과 진지한 자세

로 지역 여러분의 생의 보람 창조를 도와드립니다. 업계 제1호

□ スポーツクラブ 스포츠클럽 | ルネサンス橋本 르네상스 하시모토

▷ 橋本駅より徒歩5分 하시모토 역에서 도보로 5분

▷ ホットヨガ導入 핫요가 도입

▷ 初心者向けサービス充実 초심자 대상 서비스 충실

▷ 営業時間 영업시간 平日9:30〜23:00/土9:30〜22:00 日・祝 9:30〜

19:00 ☎お問い合わせは今すぐお電話で 042-775-6600 문의는 지금 바로

전화로

□ 春の入会キャンペーン・最新情報はWEBへ 춘계 입회 캠페인・최신정보는 인

터넷에서 찾아보세요.

□ ルネサンスは理想のカラダづくりをサポートします。 르네상스는 이상적인 몸 만들기를 서포트합니다.

   ▷ 無料でご覧いただけます。お気軽にご来店ください! 무료로 보실 수 있습 니다. 부담 없이 내점해주세요!

□ さあ、スタート 자, 스타트! 新しい自分へ! 새로운 자신을 위해!

   ▷ 正しいやり方を教えてくれる。だから安心。いろんな事が楽しめる。 しかもお手頃。さあ今年こそカラダ作り!選ぶなら、やっぱりルネサン ス 올바른 방식을 가르쳐 준다. 그래서 안심. 여러 가지를 즐길 수 있다. 또 적절하다. 자, 올해야말로 제대로 몸을 만들어보자! 선택한다면 역시 르네상스로.

   ▷ 営業時間拡大! 영업시간 확대! 24時まで! 24시까지!

   ▷ 金- 休館日 금요일은 휴관일입니다.

□ SKILL MILL スキルミル最新の時短トレーニング地域初導入! 스킬 밀 최 신 단시간 트레이닝을 지역에서 처음으로 도입하였습니다!

   ▷ 体幹・下半身を中心に動かしながら効率よく成果を出せる時短ランニ ングマシン! 동체·하반신을 중심으로 움직이면서 효율적으로 성과를 낼 수 있는 단 시간 러닝머신!

   ▷ 5台導入 5대 도입

□ 運動だけじゃない!それが続くヒケツです。 운동만이 아니다! 그것이 이어지는 비결입니다.

   ▷ 広々とした温水プール 넓은 온수 풀장

   ▷ 広いお風呂でゆったりリラックス 더 넓은 목욕탕에서 유유자적하게 휴식 가능

▷ リラックスできるラウンジ 휴식할 수 있는 라운지

□ この春、ルネサンスで「楽しく」「元気に」健やかに!スクール体験受付中
이번 봄 르네상스에서 "즐겁게" "건강하게" "튼튼하게"! 스쿨체험 접수중

    ▷ 体験料 540円(税込)※一部を除きます定員制のため、お申し込みはお
早めに! 체험료 540 엔(세금포함) ※일부를 제외합니다. 정원제이므로 신청을 서둘러
주세요!

    ▷ ジュニアスイミング 주니어 수영

    ▷ 親子ベビースイミング 부모 베이비 수영

    ▷ ダンススクール 댄스스쿨

    ▷ チアリーディング 치어리딩

□ 成人スクール 성인 스쿨

    ▷ ゴルフ 골프

    ▷ 成人スイミング 성인 수영

□ 楽しい! 즐겁다 だから続くプログラム 그래서 계속할 수 있는 프로그램

    ▷ ガッツリプログラム 제대로 할 수 있는 프로그램 グループライド 그룹 라이드

    ▷ 下半身のシェイプアップ・強化したい方にオススメ 하반신 모습강화・강화
하고 싶은 분에게 권장합니다.

    ▷ グループパワーエネルギッシュな音楽とバーベルを用いた筋力トレーニ
ングエクスサイズ 그룹파워 에너지 넘치는 음악과 바벨을 사용한 근력 트레이닝
운동

    ▷ ゆるラクプログラムホットヨガ発汗効果で、新陳代謝を促し、ココロ
もカラダもスッキリ。 힘들이지 않게 편한 프로그램 핫요가 발한효과로 신진대사

を促進して心も体も爽快に。

를 촉진하고 마음도 몸도 상쾌하게.

□ 4月より 4월부터 さらにおトク! 더 저렴하게!

▷ レギュラー会員の利用エリア拡大 정규 회원 이용범위 확대

▷ 淵野辺クラブ相模大野クラブを営業時間内いつでもご利用いただけます。 후치노베 헬스클럽과 사가미오노 헬스클럽을 영업시간 내에 언제라도 이용하실 수 있습니다.

□ 4月より 4월부터 さらにおトク! 더 저렴하게

▷ ライフスタイルに合わせたプランも利用時間を延長します! 라이프스타일에 맞춘 계획도 이용시간을 연장합니다!

▷ アンダー30会員 언더 30회원 ナイト会員 야간회원 ナイト&ホリデー会員(かいいん) 야간&휴일 회원

□ ルネサンス、春のキャンペーン実施中! 르네상스, 춘계 캠페인 실시 중

▷ 春の入会キャンペーン 춘계입회 캠페인 最大 최대 ¥22,680おトク! ¥22,680 저렴

▷ さらに始めるあなたをバッグアップ!「スタート安心パック」2ヶ月分プレゼント 또 시작하는 당신을 백업! "스타트 안심 팩" 2개월 분 선물

▷ 3/31(土)20:00までお急ぎください 締切迫る! 20:00까지 서둘러주세요 마감일 임박!

▷ 入会時には入会金3,240円(税込)、事務手数料5,400円(税込)が必要です。 입회 시에는 입회금 3,240 엔(세금포함), 사무수수료 5,400 엔(세금포함)이 필요합니다.

□ ご入会までの流れ 입회까지의 순서

▷ ルネサンスのWEBページから、お客さま情報、イオンルネサンスカードの申込み登録をします。 르네상스의 인터넷 페이지에서 고객님 정보, 이온 르

네상스 카드신청 등록을 합니다.

▷ 下記のものをご用意の上、ルネサンスへお越しください。 하기 사항을 준비하신 후 르네상스로 오시기 바랍니다.

　・入会金 입회금 3240円(税込)

　・会員証発行等事務手数料 회원증 발행 등 사무 수수료 5,400円(税込)

　・初月分の月会費 첫 달 분의 월 회비 0円

　・次月分の月会費 다음 달 분의 월 회비 0円

　・ルネサンスカードの口座設定がWEBで完了していない方は、キャッシュカードと通帳 르네상스 카드 구좌 설정이 인터넷에서 완료되지 않은 분은 현금카드와 통장이 필요합니다.

▷ 会員プランを選択いただき、ご入会手続きの完了です。 회원 플랜을 선택하시면 입회 절차가 완료됩니다.

▷ ご入会の方は、イオンルネサンスカードへのお申し込みが必要です。
입회하신 분은 이온 르네상스 카드로 신청을 하셔야 합니다.

▷ 月会費はイオンルネサンスカードから引き落としいたします。 월 회비는 이온 르네상스 카드에서 이체합니다.

▷ カード年会費は無料です。 카드 연회비는 무료입니다.

▷ 18歳未満の方は、保護者の方の名義でお申込みいただきます。
18세 미만 되시는 분은 보호자 분의 명의로 신청해주세요.

☐ お勤め先が法人会員なら超お得! 근무처가 법인회원이라면 더더욱 저렴하게!

▷ レギュラー会員と同じ利用条件なのに会費がお安くなります。 정규회원과 같은 이용조건인데도 회비가 저렴해집니다.

☐ 駐車場完備 주차장 완비

□ WEBで事前登録 인터넷에서 사전등록

□ 橋本駅から徒歩5分! 하시모토 역에서 도보 15분!

□ JR横浜線・相模線「橋本駅」、京王相模原線「橋本駅」から徒歩5分! JR요
코하마 선・사가미 선 "하시모토 역", 게이오 사가미하라 선 "하시모토 역"에서 도보로 5분!
フィットネス・ゴルフスクール・ジュニアスクール 피트니스・골프스쿨・주
니어스쿨

□ スポーツクラブ 스포츠클럽 ルネサンス 르네상스 橋本 하시모토 042-775-6600

▷ 〒252-0143 神奈川県相模原市緑区橋本3-3-1

□ 그 외 관련 단어

▷ レギュラ会員 정규회원 | 法人会員 법인회원 | 日常生活 일상생활 |
初心者向けサービス充実 초심자 대상 서비스 충실 | 月会費 월회비 |
店頭入会 점두 가입(매장 앞에서 가입하는 것) | WEB入会 인터넷 가입 | エ
ニタイムフィットネス 언제든지 이용 가능한 헬스장 | トレーニング 트레이
닝 | スタイルアップ 스타일업 | 最高の設備 최고의 설비 | クラブスタッ
フ 헬스클럽 직원 | バッグアップ 백업 | スタジオ 스튜디오 | カラダのコ
ンディション 신체 컨디션 | シャワー室 샤워실 | 会費引落 회비 인출 |
入会手続き 입회절차 | ご本人確認証明書 본인확인증명서 | 免許証 면
허증 | 保険証 보험증 | パスポート 패스포트 | 在留カード 재류카드 |
会費引落口座 회비 인출구좌 | キャッシュカード 현금카드 | ご本人名
義 본인명의 | 営業システム 영업시스템

※ 출처: スポーツクラブ ルネサンス 橋本(2019)

67. 현의원 선거 공약

☐ 民間出身だからできる! 민간출신이므로 해낼 수 있다!

▷ 子育て・福祉・医療に真正面から向き合う! 양육·복지·의료에 정면으로 맞선다!

☐ 溝口大介 미조구치 다이스케 プロフィール 프로필

▷ 1974年(昭和49年)6月11日生まれ 現在44歳 1974년(쇼와 49년) 6월 11일생 현재 44세

☐ 溝口だいすけ無所属後援会のしおり 미조구치 다이스케 무소속 후원회 안내

▷ 私、溝口大介は元相模湖町町長溝口正夫の長男として生まれ幼い頃より父の姿を見て育ち父より政治を学びこのたび県政を志す決意を固めました。 나, 미조구치 다이스케는 전 사가미코마치 정장 미조구치 다다오의 장남으로 태어나 유년기부터 아버지의 모습을 보며 자랐으며 아버지로부터 정치를 배우고 이번에 현정에 나서고자 결의를 다졌습니다.

☐ 緑区生まれの若い力が未来をつくる 미도리쿠 태생의 젊은 힘이 미래를 만든다!

☐ あなたの声を必ず「県政」に届けます! 당신의 목소리를 반드시 "현정"에 전하겠습니다!

☐ 溝口だいすけの主義、主張- 民間企業出身だからできること 미조구치 다이스케의 주의, 주장– 민간기업 출신이기 때문에 할 수 있는 일

▷ リニア駅と圏央道のスパーク地点、物流拠点としての緑区 리니아역과
　　 수도권 중앙 스파크 지점, 물류거점으로서의 미도리구

▷ 学園都市としての緑区 학원도시로서의 미도리구

▷ 神奈川の水瓶としての緑区 가나가와의 물병으로서의 미도리구

☐ 溝口だいすけの基本方針 미조구치 다이스케의 기본방침

▷ 教育・子育て 교육·자녀양육 教育環境の整備 교육환경의 정비

▷ 保育所待機児童対策 보육소 대기아동 대책

▷ 保育所受け入れ枠を拡大 보육소 수용한계를 확대

▷ 保育人材の確保 보육인재의 확보

▷ 保育の質の向上 보육의 질 향상

▷ 児童クラブ待機児童対策 아동클럽 대기아동 대책

▷ 待機児童の解消 대기아동의 해소

▷ 受け入れ年齢の拡大 수용 연령의 확대

▷ 民間児童クラブや幼稚園との連携 민간아동 클럽과 유치원과의 연계

☐ 福祉・医療 복지·의료

▷ 共にささえあい生きる社会の実現 함께 협력하며 살아가는 사회의 실현

▷ 介護施策の充実 간병시책의 충실

▷ 地域医療体制の充実 지역 의료체재의 충실

☐ 産業振興 산업진흥

▷ 商業・観光・農業の振興 상업, 관광, 농업의 진흥

☐ まちづくり 도시 조성

▷ 拡大交流拠点の整備 확대교류거점의 정비

□ 그 외 관련 단어

☞ 交通網の整備 교통망의 정비 | 民間交通機関の充実 민간 교통기관의 충실 | 人口の増加 인구의 증가 | 雇用の創出 고용의 창출 | 学園の誘致 학교의 유치 | 移住の促進 이주의 촉진 | 子育て世代 자녀양육세대 | 空き家対策 빈집 대책 | 公立小中高の学力向上 공립 초중고교의 학력 향상 | 空調設備の設置 실내환경 조정설비의 설치 | 障害 장애 | 障害者 장애자 | 重度の障害者 중증장애자 | 支援体制 지원체제 | 在宅医療 재택의료 | 介護連携支援センター 간병연계지원센터 | 介護人材センター 간병인재센터 | 特別養護老人ホーム 특별보호노인요양원 | 認知症グループホーム 치매환자그룹요양원 | 地域医療体制 지역의료체재 | 総合診療医の育成 종합 진료의의 육성 | 看護師の確保対策 간호사확보대책 | 難病相談支援センター 난치병 상담지원센터 | 商業振興 상업진흥 | 商業 상업 | 観光 관광 | 農業 농업 | 道の駅設置 길의 역 설치 | 移動販売事業 이동판매 사업 | 観光周遊ルートの形成 관광 주유 루트의 형성 | 地域農産物のブランド化 지역농산물 브랜드화 | 鳥獣被害防止計画 조류 및 짐승 피해방지 계획 | 広域交流拠点 광역교류 거점 | 再生拠点整備 재생거점 정비 | 消防設備の整備 소방설비의 정비 | 消防団詰め所 소방단 임시휴게소 | 車庫の整備 차고의 정비 | 地域対策 지역대책 | 交通網の充実 교통망의 충실 | ネットワーク化 네트워크화 | 民間テーマパーク 민간테마파크 | 環境拠点 환경거점 | 東京オリンピック 도쿄올림픽 | パラリンピック 패러올림픽 | キャンプ地誘致 캠프지 유치

※ 출처: 溝口だいすけ(2018)

68. 화장품 공장 구인 정보

□ 多くの女性が活躍中! 많은 여성이 활약중!

□ ライン作業のスタッフ募集 라인 작업 직원 모집

□ 長期で安定したお仕事 장기적이며 안정된 업무

□ 仕事内容 업무 내용

▷ 化粧品の容器を充塡機械にセットしたり、ベルトのスピードに合わせてのキャップ締め、製品の外観検査といった流れ作業です。 화장품 용기를 충전기계에 세트하거나 벨트 스피드에 맞춰 빈틈을 조이는 등 제품의 외관 검사를 하는 작업입니다.

▷ 勤務地 근무지 : 相模原工場 사가미하라 공장

▷ 時給 시급 : ① フルタイム 풀타임 残業 잔업 ② パートタイム 파트타임

▷ 勤務時間 근무시간 : ① フルタイム 풀타임 ② パートタイム 파트타임

▷ 勤務日 근무일 : 会社カレンダーによる 회사 카렌다에 따름

▷ 休日 휴일 : 日曜 일요일・祝日 축일・土曜日 토요일

▷ 交通費支給 교통비 지급

▷ 応募 : 電話連絡の上、履歴書(写真添付)持参でご来社下さい。 응모 :

전화 연락 후 이력서(사진첨부) 지참하셔서 내사해주십시오.

※출처: アサヌマコーポレーション(株)(2018)

□ 그 외 관련 단어

▷ アルバイト 아르바이트 | 有給 유급 | 扶養範囲 부양범위 | 歓迎 환영 |
自転車 자전거・バイク通勤歓迎 바이크 통근 환영 | 橋本駅 하시모토 역 |
相原連合 아이하라 연합 | 宮上連合 미야가미 연합 | 橋本連合 하시모토 연합

※출처: 橋本地区自治会連合会 HASHIMOTO LIFE STYLE(2019)

천호재

일본 도호쿠대학 문학연구과 언어학박사

현 계명대학교 인문국제대학 일본어일본학과 교수, 학과장

한국일어일문학회, 대한일어일문학회 편집위원

일본어 생활광고문의 이해

초판 1쇄 인쇄 2021년 2월 19일
초판 1쇄 발행 2021년 2월 26일

지은이 천호재
펴낸이 이대현
책임편집 강윤경 | **편집** 이태곤 권분옥 문선희 임애정
디자인 안혜진 최선주 | **마케팅** 박태훈 안현진
펴낸곳 도서출판 역락 | **등록** 1999년 4월 19일 제303-2002-000014호
주소 서울시 서초구 동광로46길 6-6 문창빌딩 2층(우06589)
전화 02-3409-2060(편집부), 2058(영업부) | **팩스** 02-3409-2059
전자우편 youkrack@hanmail.net | **홈페이지** www.youkrackbooks.com

ISBN 979-11-6244-699-7 93730